PODER PERSONAL

Juliana De' Carli

PODER PERSONAL

LIBÉRATE CON REIKI, HO'OPONOPONO Y MINDFULNESS

edaf

MADRID - MÉXICO - BUENOS AIRES - SANTIAGO

2017

Título original: *Desenvolvendo seu poder pessoal. Ho'oponopono, reiki e consciencia*

Diseño de cubierta: Gerardo Domínguez
Traducción: Mariano José Vázquez

Editorial Edaf, S.L.U.
Jorge Juan, 68. 28009 Madrid, España
Tel. (34) 91 435 82 60
www.edaf.net / edaf@edaf.net

Algaba Ediciones, S. A. de C.V.
Calle 21, Poniente 3323, Colonia Belisario Domínguez
Entre la 33 Sur y la 35 Sur
Puebla 72180, México
Tel.: 52 22 22 11 13 87
jaime.breton@edaf.com.mx

Edaf del Plata, S. A.
Chile, 2222
1227 Buenos Aires, Argentina
edaf4@speedy.com.ar

Edaf Chile, S. A.
Coyancura, 2270, oficina 914, Providencia
Santiago - Chile
comercialedafchile@edafchile.cl

ISBN: 978-84-414-3763-0
Depósito legal: M-13760-2017

PRINTED IN SPAIN — IMPRESO EN ESPAÑA

COFÁS, S. A. - Móstoles (Madrid)

Te Amo

Gracias

Índice

Agradecimientos

Me gustaría expresar mi agradecimiento a todos los que han contribuido de alguna forma a que pudiera escribir este libro.

Agradezco a Dios, por ser su instrumento.

A mis padres, Johnny De' Carli y Valéria Sucena Hammes, por toda la educación y motivación que me han transmitido.

A mi marido, Clayton Debiasi, que siempre está a mi lado dándome todo el apoyo necesario.

A mi hijo, por existir, por hacerme mejor persona y porque a partir de esta transformación consigo dar más a la humanidad.

A mis hermanos, Diana De' Carli y Daniel Neto, y a mis alumnos, por mostrarme grandes enseñanzas a través de pequeños detalles.

Aprovecho asimismo para agradecer a todo el equipo de Editorial Edaf, por su excelente trabajo, disposición y por su gran simpatía. Cuando trabajamos con amor todo se hace más iluminado. Al trabajar con personas que tienen el mismo sentimiento y seriedad por lo que hacen, todo se vuelve más alegre.

Gracias a ti lector, por escoger leer lo que tengo que decirte.

¡Amor y agradecimiento a todos!

Prólogo

Queridos hermanos del Camino de la Luz… ¡Saludos reikianos! Ser el padre de Juliana es todo un privilegio que me hace sentir muy orgulloso. Participar de esta su segunda obra es una distinción… La energía Reiki es una de las mayores fuerzas de este planeta para la evolución de las personas; un camino de armonización interior con el Universo. Todos tenemos libre acceso a la energía Reiki. Utilizarla es nuestro derecho innato; es un poderoso presente, una oportunidad para que el iniciado pueda crecer y transformarse. Es una energía de paz y liberación con la cual el creador bendice el planeta. Ayuda a detener la violencia y las tendencias autodestructivas. Constituye un poderoso antídoto contra el tabaquismo, el alcoholismo y las drogas que degeneran la humanidad. En Japón, en donde nació el método Reiki, la técnica se denomina Reiki-Dô (Camino de la Energía Universal). Para los japoneses, cada reikiano traza su propio camino, desarrolla su propia manera de trabajar con esta energía maravillosa de Amor Universal, de acuerdo con sus particularidades y creencias. No existe un reikiano igual a otro, y el trabajo de muchos se puede complementar como una auténtica simbiosis. Sigo el Reiki en un camino más volcado hacia la parte filosófica, y como instrumento de crecimiento espiritual.

Juliana estudió intensamente conmigo, y sigue también más volcada en su experiencia personal, uniéndolo al Ho'oponopono, Mindfulness y otras técnicas de expansión de la conciencia.

En cierta ocasión el científico inglés Isaac Newton dijo: «Si llegué a ver más lejos, fue por estar de pie sobre los hombros de gigantes». Veo a Juliana como uno de esos «gigantes» del Ho'oponopono. Cuando existan en el Reiki maestros esclarecidos que promuevan iniciativas como la de Juliana, que escriban sus buenas experiencias con el Reiki, Mindfulness y Ho'oponopono, capaces de ayudar a entender y a enseñar la verdadera filosofía de los Cinco Principios del Reiki, entonces nuestro método pasará del simbolismo a la realidad. Los nuevos reikianos encontrarán la «iniciación verdadera», y podremos construir de una forma efectiva un método de Suprema Sabiduría Humana. Al acompañar su jornada no tengo duda de que esta nueva obra de Juliana De' Carli será de gran valía para el fortalecimiento del método Reiki y Ho'oponopono en Brasil y en el mundo entero.

Juliana, que Dios te conceda una larga vida para que puedas continuar con la noble misión de la divulgación y consolidación del Reiki, Mindfulness y Ho'oponopono.

Luces en el corazón de todos los que tengan acceso a este libro.

* * *

El profesor (MSc) Johnny De' Carli es autor de los siguientes libros:

- *Reiki Universal*
- *Reiki, una terapia del tercer milenio*
- *Reiki. Amor, salud y transformación*
- *Reiki, sistema tradicional japonés*
- *Reiki para niños*
- *Reiki, los poemas recomendados por Mikao Usui*
- *Reiki, comentarios oficiales*
- *Reiki como filosofía de vida*
- *Tarot del Reiki*
- *Oráculo del Reiki*
- *Diario del Reiki*
- *Mil reflexiones de un maestro de Reiki: Johnny De' Carli*

Prefacio

ESTE ES UN LIBRO PARA INSTRUMENTALIZAR EL AUTOCONOCIMIENTO. Es un libro para ayudarle a percibirse, pues en la sutileza de las emociones y de los patrones mentales observados en las reacciones personales encontramos la posibilidad de reflexión del modelo mental que nos mueve. Unas cuestiones a las que la racionalidad consciente no responde.

Este modelo mental interfiere en las reacciones bioquímicas de nuestro cuerpo, que a lo largo del tiempo acumulan desequilibrios en la distribución de la energía canalizada por los meridianos. La respuesta se encuentra en la «atención», una fusión de la meditación con la capacidad de interpretar nuestro cuerpo físico, mental y emocional, para los cuales el Reiki y el Ho'oponopono pueden auxiliar, sin ser invasivos, como herramientas de autoconocimiento y curación. Atención constante en nosotros mismos «¡Vigilad!».

A medida que nos dedicamos atención, en nuestra forma de pensar, de reaccionar y de sentir, no nos fijamos en un misterioso ser desconocido: nosotros mismos. Alguien que posee un patrón mental y emocional para reaccionar, con respecto, o no, a sí mismo, a sus recuerdos y desagravios, que acumulan energías no siempre conscientes, y que atraen un patrón repetitivo de reacciones en el cuerpo, en la mente y en las emociones. Es corriente que pensemos constantemente en algo que nos molesta, o incluso que no nos satisface, hasta que surge otro pensamiento que lo sustituye. De esta forma interrumpimos el flujo de la energía universal, dando inicio a una acumulación y un desequilibrio en los meridianos, alimentando así el germen de las enfermedades. ¡Necesitamos despertar! Despertar a la atención que hay en nosotros. Despertar a la fuerza de las palabras proferidas, evitando formas mentales verbalizadas negativamente, y estimulando los *insights* de la atención y del despertar. ¡Aloha!

El Reiki ayuda a la canalización de las energías que el Ho'oponopono despierta en el autoconocimiento atávico, y surte un efecto curativo al identificar el patrón mental y emocional de la persona, formado desde su nacimiento. La simplicidad y la autonomía de la práctica del Ho'oponopono posibilita al individuo conectarse con su esencia, sin depender de dogmas y rituales. Es una forma sostenible de tratamiento, pues ambas técnicas están al alcance de todos, instrumentalizando el uso del poder personal.

La autocuración propuesta no prescinde del acompañamiento médico, pero establece un condicionamiento mental y emocional afirmativo para la curación de las molestias establecidas por la acumulación de las energías en desequilibrio a lo largo de la vida. Difiere de otras técnicas curativas igualmente importantes y complementarias, pues trata de rescatar en el inconsciente la conciencia y la reflexión sobre su persona, convirtiéndose en el protagonista de su felicidad integral: física, mental y emocional.

Como madre me realizo al aprender con mi hija, y como especialista en sostenibilidad me realizo al introducir esa teoría esencial en las relaciones intra e interpersonales, intra e interinstitucionales necesarias en la formación del tejido socioambiental para la formación de una sociedad sostenible, que no deja de ser un proceso de curación energética. Al final, tanto el Reiki como el Ho'oponopono permiten el establecimiento de un nuevo modelo mental en el que prepondere el sentimiento de amor y gratitud. Y el cambio paradigmático para un modelo de desarrollo sostenible pasa necesariamente por la «curación» de las relaciones sociales equilibrando los intereses de las partes, planificando la mejoría de la calidad de vida, e implementando la conquista de autonomía para garantizar la continuidad de sus condicionamientos, sosteniendo y amoldando, de forma circunstancial, las agrupaciones, los sectores, las empresas, las redes de enseñanza, las comunidades, las instituciones gubernamentales y no gubernamentales; para garantizar que todos, en un esfuerzo cooperativo de cogobernanza, fortalezcan los cimientos del futuro; para enfrentarnos a las crisis y reducir los riesgos, revestidos de la felicidad radiante establecida por el poder personal y organizativo de la sociedad.

¡AGRADECIDA!

VALÉRIA HAMMÉS
Madre

Bienvenidos

Introducción

¿YA TE HAS PREGUNTADO POR QUÉ VIVIMOS? ¿Cuál es nuestro origen y hacia dónde vamos? Son muchas las personas que buscan una respuesta para el sentido de la vida, y la razón de que estemos aquí. No sabemos exactamente cómo empezó todo, pero sí que estamos vivos y que tenemos muchas cosas que hacer. La vida se encuentra plena de alegrías, tristezas, desafíos y conquistas.

A pesar de que nadie tiene una respuesta definitiva, y de que la búsqueda de una explicación más profunda sea incesante, sabemos a través de la Física Cuántica que somos energía y que poseemos una determinada información que diferencia a cada persona y cada objeto. Comprendo que poseemos una conciencia, tanto yo como muchas otras personas; creo que esta conciencia inteligente es infinita, que no se acaba y que está en constante transformación. Venimos del Todo y, como somos una conciencia, lo que hemos de hacer es evolucionarla, desarrollar nuestra propia conciencia.

¿Y cómo se puede hacer esto? A través del autoconocimiento y de un proceso de evolución que, mediante nuestras elecciones, nos permitirá, conscientemente, evolucionar con menos dolor y con más amor. Lo primero que sabemos es que debemos desarrollar nuestra conciencia a través del autoconocimiento; y para eso, necesitamos el tiempo. Y ese tiempo constituye nuestra vida; cuanto más vivamos más tiempo tendremos para nuestro desarrollo.

Para nosotros el tiempo es el acto concreto, y al mismo tiempo abstracto, de la manifestación de la misericordia divina como perdón por nuestras negligencias, ignorancia y las imperfecciones que presentamos al desarrollar nuestras capacidades psíquicas. Se nos ha concedido una oportunidad para que revisemos nuestras acciones y nuestros pensamientos. Además de esto, también nos sirve para que podamos purificar los bloqueos que hay en nosotros, a partir de las emociones que se generan a lo largo de la vida. Para entendernos un poco mejor sobre el tema del tiempo, quiero poner el ejemplo de mi gata, que tuvo su cría en la misma época en que yo di a luz a mi hijo. Ella ya era tatarabuela cuando mi hijo tenía solo dos años. Por consiguiente, nosotros, los humanos, que somos los seres más evolucionados encarnados en la Tierra y más interdependientes que existen, necesitamos de mucho más tiempo para perfeccionar nuestras múltiples inteligencias.

Hemos venido a este mundo para evolucionar nuestra conciencia, que es una energía. Estamos vivos, y lo que hemos de hacer para lograr este tiempo necesario para la evolución ¡es sobrevivir! Para ello disponemos de nuestro instinto de supervivencia. Las cualidades relacionadas con este instinto se hayan ligadas al chakra básico, la existencia terrena, la conexión con el mundo material, la agresividad, la fuerza motora y la energía física. La agresividad, junto con la fuerza física, puede utilizarse en un momento que sea necesaria la defensa personal. Y bastará con saber utilizar la cualidad de la sombra de este chakra en el momento oportuno. Aunque seas una persona equilibrada y espiritual.

Y puesto que necesitamos del tiempo para desarrollar nuestras conciencias, tratemos de que nuestra existencia sea placentera y feliz. Tendremos días buenos y días malos, días señalados y días rutinarios a los que no concedemos importancia; nos olvidamos de ellos, pues nada nos sucedió de muy bueno o de muy malo que sirviera para diferenciarlos. Es importante agradecer, al final de cada día, porque todo haya transcurrido bien; y es preciso mostrar este agradecimiento todos los días.

Si no te sientes feliz en ese día rutinario, procura estarlo, pues el tiempo no se detiene y esta vida no vuelve. Observa aquello que no está bien en ti y comprométete a cambiarlo. Establece tus peticiones de cambio en tus oraciones. Entrégalas al Universo y haz una selección.

Valora estos tres aspectos de la vida:

- Evolución de la conciencia
- Supervivencia
- Felicidad

La expansión de la conciencia puede ayudar en este proceso; y puede ayudar también en tu curación, en la curación de tu vida aportándote más felicidad. En su búsqueda, podrás aprender técnicas que te ayudarán a lograr ese objetivo, como es el caso del Ho'oponopono, del Reiki o de Mindfulness.

Mediante la expansión de la conciencia comenzarás a ver las cosas con otros ojos, llegando a entender con mayor profundidad cosas que ya creías conocer. De hecho tenemos cierto nivel de conocimiento, pero la comprensión se hace más afinada y lúcida cuando la conciencia se ve alimentada por informaciones que tienen sentido y que pasan a integrarse en nosotros, formando parte de la homeostasis de la conciencia. Es como si el conocimiento que ya tuvieras ganase en profundidad de comprensión. Metafóricamente digo que es una sensación en tres dimensiones, ondulatoria y sinfín, en la cual, y en cada proceso de aprendizaje, aumentase la sensación de profundidad.

Vivimos en una sociedad interdependiente y complementaria. La expansión de la conciencia puede ser puntual, infinita y creativa; podemos desarrollar una mayor comprensión en un determinado asunto, en el que disponemos de una comprensión más completa gracias a los demás. Pero eso no es un problema, pues no seríamos capaces de desarrollar todo lo que vemos si estuviéramos solos.

En cierta ocasión, sentada en la orilla de la playa y mirando hacia el horizonte, entré en un estado meditativo mientras escuchaba tranquilamente el sonido del mar, observaba las olas y las gaviotas que volaban sobre la inmensidad de las aguas. Observé también a las personas, los diferentes cuerpos, las caras, las expresiones, cada uno con su vida particular llena de historias y situaciones. Partiendo de todo eso me conecté con la Naturaleza y pude sentir la abundancia de la Creación, la grandiosidad del mar, el movimiento y la forma diferente de cada ola, las múltiples expresiones que no se repite en los rostros humanos, con la única excepción de la cuasi perfecta similitud de los seres gemelos. Admiré la belleza de los seres vivos, ya fueran pájaros, humanos o todo el ecosistema que existe en la inmensidad de los océanos. Me conecté con el «Ahora», a través de la atención plena a cuanto estaba a mi alrededor, a todos los ruidos y movimientos de la abundante diversidad que se presentaban ante mis ojos; me conecté con mi propio cuerpo, que formaba parte de todo aquel escenario. Me sentí parte de la Naturaleza; percibí que cuanto más nos conectamos con la Fuente, mediante el contacto con nuestro cuerpo y nuestra esencia, entramos en el flujo vital; y la vida se vuelve abundante de una forma positiva para nosotros, pues formamos parte del Universo. Pero es a través del propio cuerpo, de tu cuerpo, como conectas con el Todo.

La Naturaleza fluye sencillamente de acuerdo con las leyes universales. Cada partícula vibra en un determinada frecuencia, atrayendo más energía de esta misma frecuencia, tornándose cada vez más grande y, consecuentemente, promoviendo su propio crecimiento. La Naturaleza sabe muy bien adónde quiere llegar. Es la Ley de la Atracción. La Naturaleza no alberga dudas. Es como si en un árbol, al ir creciendo y cambiando, sus brotes supiesen siempre que un día se convertirán en nuevos árboles. El brote no tiene dudas, y por tanto mantiene siempre la misma frecuencia atrayendo más energía, respetando la ley de la gestación; esa ley que defiende que toda idea necesita de un tiempo para hacerse real en el mundo físico. Y es mediante esa constante intención como logra perseverar y acaba realizando su propia misión.

En cierta ocasión en que estaba contemplando los árboles pensé que los seres humanos no logramos quedarnos mucho tiempo en meditación, con las naturales diferencias que existen entre las personas. Un árbol se encuentra durante toda su vida en el mismo lugar, alimentándose de luz y de nutrientes que le ayudan a su objetivo, a estar cada vez más cerca de la luz del sol, cada vez más cerca del cielo. Y aportando de esta manera la energía a la raíz que le servirá de soporte. Cuanta más energía consiga interiorizar el árbol, más fuerte será su raíz y su cuerpo, más verdes se volverán sus hojas y más esplendoroso podrá ser; con lo que podrá compartir más belleza con aquellos que lo rodean. Es justamente eso lo que debería suceder con las personas.

Del mismo modo que sucede con las plantas, también nosotros absorbemos energía solar a través de nuestros chakras, principalmente del plexo solar. De este modo nutrimos nuestro cuerpo etérico, incrementando la vitalidad de nuestro cuerpo físico. Realmente podemos lograr mucho más a través de este chakra, mediante el cual nos relacionamos con personas, ambientes e innumerables cosas. Este chakra representa nuestro Sol particular, el chakra del Poder Personal, nuestro centro de fuerza. Cuanto más fuerte se encuentre este chakra, más te estarás alineando con el resto de tus chakras, tus centros de fuerza; y más cosas podrás compartir con el mundo.

A propósito: cuanto más nos alimentemos de alimentos naturales, respiremos aire puro y fortalezcamos nuestro cuerpo físico más fuerza ganaremos y mayor conexión espiritual podremos desarrollar. Por otro lado, si comemos carne, por ejemplo, el cuerpo va a extraer la energía que se encuentra contenida en ella y que es la que procede de las plantas de las cuales se alimentó aquel animal. Esto nos puede dar una idea de la diferencia existente entre la absorción de una ensalada orgánica, y la carne del animal que ya perdió la vida. La digestión de la carne consume más energía, libera toxinas y acidifica la sangre y liga al ser que la consume a energías más terrenas, más instintivas y más ligadas a los chakras de base. Aumenta también los espacios fisiológicos en nuestro cuerpo. Cuanto mayores son estos espacios entre nuestras células epiteliales mayor es la existencia de arrugas; cuanto mayor es el espacio existente entre los seres humanos mayor será la oportunidad de que se produzcan desavenencias; cuanto mayor es ese espacio, mayor será el caos. Si tu objetivo fuese sentirte más libre, leve y fluido con la vida, lo ideal sería que tuvieses también una alimentación que se encuentre de acuerdo con estos propósitos, y que los fomentes.

Nosotros somos la Naturaleza

La naturaleza animal y vegetal fluye a lo largo de la vida, y para los animales y plantas nada falta. Es precisamente cuando vamos en contra de nuestra propia esencia cuando empiezan a surgir los problemas, y acabamos también por crearlos a nuestro alrededor en toda la Naturaleza. La complejidad de la conciencia humana abre un margen de posibilidades que se ven alimentadas por las emociones, los pensamientos y las acciones de cada uno de nosotros en todas las áreas de la vida. Eso tanto puede ser bueno como malo. El universo no juzga lo que es bueno o lo que es malo, simplemente se limita a devolver la energía que has emitido; es decir, todo aquello que hayas sembrado. Esto significa también que la vida se desdoblará de modo natural cuando te encuentres viviendo en tu propia esencia. El día a día continúa y el trabajo también; pero las cosas fluyen y la vida se torna más llena de color. Si no has sentido todavía esa sensación, comienza a dar más fuerza a las cosas de las que gustas y que realmente te resultan beneficiosas, respetando al prójimo como a ti mismo; y, si fuera posible, contribuyendo con la sociedad de alguna manera que llene tu cuerpo de alegría y de felicidad. Yo aseguro que tanto el Ho'oponopono como la Mindfulness y el Reiki pueden ayudarte en gran medida. Estos métodos fueron los responsables que me ayudaron a conquistar ese estado positivo de mi vida.

El tema es que somos seres divinos, y la Divinidad reside dentro de nosotros, en nuestro cuerpo que es nuestro santuario. Para ser plenos debemos alimentar cada uno de los cuerpos que conforman nuestro ser: el cuerpo físico, el emocional, el mental y el espiritual. Si dejáramos de alimentar uno de ellos, tendríamos una gran posibilidad de perder la conexión con nosotros mismos. Así pues, alimentar el cuerpo físico se vuelve una labor de índole espiritual, tanto si hablamos de alimentos saludables como de actividades físicas. Los alimentos que ingerimos van a actuar sobre nuestras emociones y, por consiguiente, sobre nuestros pensamientos y acciones, ya que todo se encuentra interconectado. Pongamos un ejemplo: aquellos alimentos que sobrecargan el hígado, si se comen con mucha frecuencia, pueden hacer que la persona se vuelva extremadamente impaciente y colérica. Así pues, tener una alimentación viva y esencial es, al mismo tiempo, una forma de cuidar de nuestros pensamientos. Tanto la técnica Mindfulness como el Reiki o el Ho'oponopono nos proporcionan un apoyo, de forma complementaria, a cualquier terapia. Lo mismo sucede con la alimentación que trabaja rectificando los pensamientos, trasmutando las emociones retenidas, y alimentándonos corporal y espiritualmente. El Reiki constituye una técnica fundamental, pues nos otorga la capacidad de energizar un cuerpo con nuestras propias manos. En relación con la Mindfulness y el Ho'oponopono nos enseñan a pensar y a trabajar con nuestras emociones y nuestros pensamientos, además de promover acciones más conscientes.

Hoy día con cada libro que leo o con cada libro que escribo, con cada curso que doy o en el cual participo, siento una gran felicidad al apreciar el crecimiento que se produce en mi conciencia. Es una sensación más profunda e integral; es un sentimiento de realización, al saber que perseveramos en el camino de la evolución, un camino siempre ascendente y continuo.

Quiero compartir contigo, lector, los conocimientos y las experiencias que tuve con el Reiki, Ho'oponopono y Mindfulness, pues a través de estas técnicas también podrás transformar las sombras en luz, transformarte tú mismo y percibir el Poder divino que reside dentro de ti. Pero antes quisiera hablar un poco de nuestro centro de fuerza, el plexo solar, el centro que potencia nuestro Poder Personal.

Plexo solar
o chakra del poder personal

El tercer chakra, el chakra del plexo solar, posee funciones muy importantes. En primer lugar, nos une a las personas, al ambiente y a nuestro cuerpo astral, siendo este el considerado como cuerpo de los deseos. A pesar de que los deseos se relacionan con el segundo chakra, el umbilical, es en este tercer chakra en donde se establece el puente de conexión con nuestro campo energético. Es a través del plexo solar como llega a ser compartida una emoción, en el medio magnético, entre tú y las demás personas; o bien, en donde podrá percibirse una emoción negativa. Incluso tus propias acciones podrán ser digeridas por este chakra e interiorizadas en tu campo áurico, tanto las positivas como las negativas. Es por este motivo que cada paso que damos, o cada alimento que ingerimos, genera una serie de vibraciones que son llevadas tanto al cuerpo astral como al cuerpo físico, influyendo en su totalidad con más o menos luz.

Cuanta más luz permitas que penetre en tu cuerpo, en tu energía, mejor será tu percepción del mundo exterior, ya que estarás irradiando esa luz de tu interior hacia el exterior. Podrás acceder a la belleza externa en la medida en que consigas irradiar esa luz interior, consiguiendo de este modo relacionarte con el medio ambiente de una mejor manera, puesto que este chakra se encontrará más armónico. Y, al observar los sentimientos, deseos y experiencias inarmónicas entenderás su función para tu propio desarrollo, comprendiendo que tales situaciones llegan a ti para mostrarte un nuevo nivel que ha de ser trabajado, un nuevo bloqueo que ha de ser disuelto, observando cómo se comporta tu propio sistema reactivo a determinadas situaciones. Y, una vez trascendidas estas energías, se integrarán en el aprendizaje de tu propia personalidad. Es decir, aquí aprenderás a integrar tus vivencias por el lado positivo, de una manera que aporta crecimiento, no entregándote a la tristeza o al sufrimiento; pues, como te encuentras viviendo tu Poder Personal, no te posicionará jamás en la situación de víctima.

Los chakras constituyen nuestros centros de fuerza, siendo el plexo solar el que estimula la evolución, dado que tiene la importante tarea de purificar los instintos de los chakras básico y umbilical, transformándolos en una energía más elevada, antes de unirlos y alinearlos con los chakras superiores. De esta manera, la persona se alinea en su máxima potencia, manifestando su esencia y su plenitud espiritual; vivencia la mayor realización que puede conseguir, ya que se encuentra plena de luz y de fuerza, y es capaz de emanar esa energía como un manto protector para su aura y para las personas que están en su entorno, atrayendo riqueza interior y exterior para todos.

Cuando el plexo solar se alinea con el cardíaco, laríngeo y también con el chakra frontal y coronario, podrás percibir que todo se vuelve vibración de luz y tus deseos se desdoblarán sin esfuerzo, pues te encontrarás alineado con las fuerzas de la Naturaleza, con los animales y las plantas. Todo se producirá de una manera natural, y podrás percibir que la plenitud es un derecho divino. La persona que tiene armonizado el plexo solar fluye de una manera natural, y sus acciones se muestran acordes con las Leyes Universales.

El hecho de llegar a este punto de alineamiento y equilibrio puede producirse de forma natural si la persona actúa conforme a las leyes divinas. Es importante que la persona trabaje interiormente, se conozca, comprenda cuáles son sus puntos negativos que deben ser trasformados, ya que solamente podrás modificar aquello que se encuentra en tu interior, siendo mediante esta limpieza espiritual como lograrás obtener un espíritu más pleno. Es trabajando y transformando nuestros defectos como lograremos encontrar nuestra fuerza; ya que es como si limpiásemos lo que se encuentra sucio dentro de nosotros.

Para este fin disponemos del Ho'oponopono, que actúa enfocándose directamente en los problemas, y el Reiki en las manifestaciones de la energía, ambos transmutando y purificando los bloqueos. Son estas dos técnicas de gran ayuda. Partiendo de estas prácticas resulta fácil establecer una conexión con la Fuente. Pero no podemos olvidarnos de trabajar nuestra propia raíz, que nos aporta sustento y mayor capacidad para crecer; que traza el centro y las vías de manifestación de lo divino en la Tierra. Mindfulness encaja aquí perfectamente al formar un conjunto íntegro de técnicas que nos conducen al desarrollo de nuestro Poder Personal. Además de estas técnicas tú puedes ayudarte con otras terapias como, por ejemplo, la cromoterapia, los cristales, los aceites esenciales, la música o la danza para liberar el cuerpo. Poco a poco, con estas técnicas irás encontrando nuevos placeres, aceptarás tu propia esencia y tus deseos, y adquirirás una libertad de expresión que te favorecerá.

Para aquella persona que no tenga interés en trabajarse interiormente, la vida simplemente le irá pasando, a veces a trancas y barrancas, con oscilaciones relampagueantes de efímeras alegrías que posteriormente darán paso a la tristeza, a la soledad o a problemas de diversa índole. Puesto que la vida no se está desdoblando todo parece más difícil, y el individuo no logra entender por qué le sucede eso. Muchas personas sienten un vacío interior, pues no se encuentran conectadas con su propio cuerpo y con su funcionamiento energético. Por ejemplo, cuando tu plexo solar percibe vibraciones negativas, puede cerrarse para protegerse; y, cuando te encuentres bloqueado, tal vez sientas cierta indisposición física, y una visión obscurecida y perturbada.

Un plexo solar que no se encuentra armónico, no puede encontrarse, obviamente, en su máximo potencial. Una vez que te encuentres en ese estado de desarmonía, la persona estará viviendo más su propio ego, su ser individual, en vez de vivir la esencia divina que anula una voluntad egoica en favor de una voluntad Mayor y, queriendo, por consiguiente, imponer a los demás sus puntos de vista.

De acuerdo con los autores Shalila Sharamon y Bodo Baginski, tal situación puede producirse como consecuencia de que la persona no fue debidamente reconocida durante su infancia y juventud, lo que la obligó a no desarrollar un sentimiento de autovaloración; de este modo, al llegar a la madurez, procura encontrar su propia confirmación y satisfacción en la vida exterior, dado que eso no fue elaborado en su ser en el periodo de formación de su propia personalidad.

En esta búsqueda de la propia valoración, la persona desarrolla un sentido de hiperactividad para encubrir la insuficiencia que le corroe por dentro. Este sentimiento corrosivo disminuye su autoestima, favoreciendo una posición de incapacidad o de invalidez que aporta tristeza, depresión e inactividad en aquellos momentos en que no se muestre hiperactivo. Debido a esto la persona no consigue relajarse, y no logra contactar con sus bloqueos emocionales. Y a causa de este erróneo impulso de mostrarse activo, puede incluso llegar a lograr ciertos éxitos personales. De esta manera la persona se sitúa en una postura impositiva, ya sea en su trabajo o en sus relaciones, mostrando sentimientos equivocados y encontrados. Estas emociones que se encuentran escondidas pueden llegar a manifestarse inundando al sujeto, aportándole todo aquel sentimiento de desvalorización e insuficiencia, pues, en el fondo, el individuo carece de la disposición necesaria para enfrentarse a semejantes emociones.

Es corriente que todo este proceso se produzca de forma inconsciente, al vivirse todo ello sin lograr identificar las causas que lo originan. Cuando se consigue identificar todo este proceso, se aprende a trabajar mejor con uno mismo, se buscan valores auténticos, se comprende su funcionamiento y se aprende a aceptar el papel que desempeña cada uno, un papel siempre único. La persona que logra percibir esto puede permitir relajarse cuando no se encuentra trabajando, o ejerciendo la función que le ha sido asignada en la vida. Además de eso, también se da cuenta de que el reconocimiento exterior no puede proporcionar una satisfacción duradera, puesto que ya se encuentra integrado y alineado con sus centros de fuerza, los cuales, a su vez, engloban el Cielo (la Fuente) y la Tierra (la Naturaleza). Pero, aun cuando esta comprensión se vuelva consciente, la transformación será un proceso que deberá ser elaborado y trabajado constantemente.

Además de esos estados de armonía y desarmonía del plexo solar, todavía existe un tercer estado que se manifiesta cuando se encuentra en hipofunción. En este caso la persona se siente abatida, desanimada, carece de voluntad para hacer algo y establece dificultades para lograr todos sus deseos; de este modo no llega a realizarlos, limitándose simplemente a no producir, a no crear, a no utilizar en absoluto el potencial que reside en su interior y que, en muchos casos, ni sabe que existe, ya que no puede vivenciarlo en ningún momento de su vida. Los sentimientos de tristeza, melancolía y depresión se hacen más constantes. El desarrollo natural de su personalidad, en el cual sus habilidades podrían exteriorizarse, quedaron reprimidos desde la infancia.

La represión se hace mayor cuando los padres no respetan la individualidad del ser que forma parte de su familia, imponiendo su propia forma de ser como una verdad inflexible, «es así como tiene que ser y punto final». No existe posibilidad de elección, sino más bien un patrón en el que cada personalidad va a responder de una determinada forma; y cuanto más diferente te muestres de ese patrón, más vas a inhibirte. Para no perder la aprobación de los padres y de los adultos con los que convive, la persona reprime toda expresión de sus sentimientos, formando bloqueos emocionales en su aura y corazas en su cuerpo que la dejarán prisionera de sus recuerdos. Este tipo de bloqueos disminuye la fuerza del plexo solar, culminando en la pérdida de acciones espontáneas y en la integración insuficiente de los deseos y emociones vitales. La persona pasa de este modo la vida esperando a ser reconocida y, anulada por el otro, rechaza sus propios sentimientos y se priva de buenas oportunidades, ya que no se ve merecedora de ellas.

La naturaleza de la conciencia no tiene límites, y nos encontraremos siempre en un constante descubrimiento, tanto de nosotros mismos como del Universo. Puedes redescubrirte en muchos momentos de tu vida; y, en el caso de que te topes con emociones que se encontraban refrenadas, como reseñé anteriormente, o en cualquier momento en que sientas sensaciones incómodas que no tienen una lógica explicación, te sugiero que te enfrentes a esas emociones, que entres en contacto con ellas, que no las reprimas, que no las escondas, que aceptes esa experiencia, aplica Reiki en tu chakra cardiaco y plexo solar y repite el mantra del Ho'oponopono hasta que te sientas mejor y te encuentres en la vía de curación. Esta búsqueda puede que no sea solamente energética, sino que te lleve a acometer alguna acción que debas realizar en tu vida. Puede ser algo sencillo o complejo, puede tratarse de algo rápido o, por el contrario, puede necesitar tiempo y perseverancia en la actuación. Podrás disponer de Ho'oponopono, de Reiki y de Mindfulness, que son técnicas sencillas y que no requieren de nada más que de tu permisividad. La práctica te va ayudar en lo que necesite tu proceso de evolución.

¡Feliz día!

Nuestro cuerpo, nuestra base

EXPERIMENTAMOS LA VIDA A TRAVÉS DE NUESTRO CUERPO FÍSICO, de nuestras emociones y de nuestros pensamientos. Trabajar con ellos de manera sabia es lo que establece toda la diferencia durante nuestra existencia y los resultados que, a cada momento, vamos adquiriendo mediante nuestras elecciones. La suma de estas elecciones y de esos momentos va trazando nuestras conquistas a lo largo de la vida.

Hace millares de años no era necesario aprender a comer de forma saludable. La alimentación estaba basada en lo que se recogía de la Naturaleza. Cuando el hombre se dio cuenta de que las semillas producían nuevos alimentos, se comenzó a practicar la agricultura para incrementar la oferta alimenticia y poder establecer así un territorio de vida fijo, no nómada. Hace pocos siglos la alimentación todavía era natural y casera; y aunque el hombre todavía disfrutaba de una alimentación carnívora, el consumo se basaba en alimentos frescos y especerías. Por todo ello no era necesario aprender nada sobre la alimentación, como sucede hoy. En nuestra actual era de la información y la tecnología se hace cada vez más evidente el rescate de la salud mediante lo que se come. Platón ya decía: «Haz de tu alimento tu medicamento».

A medida que el hombre se fue urbanizando y se desarrolló la industria alimenticia, se apartó del origen de sus alimentos. Se tornaron usuales las estanterías de los supermercados con rótulos cada vez más atractivos. Para muchos el pragmatismo de la alimentación, en lugar de calidad vital, pasó a ser un valor, debido a la alta exigencia de la productividad diaria que consume el tiempo de la comida. Y el hombre se olvidó de que era originario del campo, y del lugar de donde procede ese alimento que se encuentra ahora envasado en las estanterías de los supermercados.

Resalto el tema de la alimentación antes de iniciar nuestros estudios, pues el alimento aporta a nuestro cuerpo el equilibrio vital de las energías. Cuando no tenemos el debido equilibrio físico, nos encontramos en un balance fisiológico negativo. Así pues, las emociones y los pensamientos se encontrarán, consecuentemente, en un estado de desequilibrio, ya que la estructura se halla en disfunción. Si buscamos el equilibrio, lo primero que hemos de hacer es observar nuestra alimentación e ir rescatando poco a poco hábitos saludables y estar en comunión con la Naturaleza. Sin ella no existiríamos, y es de ella de la que extraemos en gran parte nuestra energía vital. La Naturaleza posee la característica de entregarse, lo mismo que la luz; pero para todo es necesario el equilibrio. De la misma forma que disponemos de la luz del día y de la oscuridad nocturna, es necesario que respetemos los dones de la Naturaleza para que podamos disponer siempre de ellos. La sostenibilidad es esencial para la formación del tejido socioambiental necesario para la creación de una sociedad sostenible.

Si deseamos desarrollar nuestras capacidades personales y vivir nuestra máxima potencialidad, en primer lugar hemos de cuidar lo que la Naturaleza nos otorgó: un templo y un espacio. Tú has recibido un cuerpo que constituye tu condición en esta vida terrena. A través del cuerpo y del tiempo que transcurre en este espacio, en este medio ambiental, todo se hará posible. Vas a experimentar la vida con ellos. Y los buenos hábitos serán la base necesaria para adquirir una salud plena. Aunque tengas un cuerpo perfecto, si te entregas al uso de sustancias psicoactivas y perjudiciales, crearás una base desequilibrada que te aportará emociones y pensamientos negativos.

Si el ser humano forma parte de un todo, y desea aprender el poder que alberga en su interior, tendría que conocer todas sus particularidades referentes a las formas que experimenta en la vida. Siendo conscientes de que la búsqueda de la propia esencia incluye la búsqueda de la relación con la Naturaleza, desde el propio comportamiento hasta la alimentación, a continuación vamos a aprender a trabajar con nuestras emociones y con nuestros pensamientos.

Consideraciones iniciales sobre las técnicas de Ho'oponopono, Mindfulness y Reiki

NUESTRA SOCIEDAD SE ENCUENTRA COMPUESTA POR DIFERENTES ETNIAS Y CULTURAS y todas las personas que las componen poseen sus propias experiencias y aprendizajes a partir de lo que les proporciona un determinado momento. Algunas de ellas van aceptando de forma pasiva lo que la vida les ha proporcionado; otras, van creando oportunidades para experimentar cosas diferentes. Hasta el momento en que el individuo vea y comprenda eso se sentirá muy alejado de aquellas personas a las que se considera que han tenido éxito.

Muchas de esas personas acaban por no sentirse merecedoras de su suerte. Creen que el otro la mereció, pero no comprenden por qué el prójimo lo ha merecido y ellos no. Otros piensan que poseen unas cualidades extraordinarias y no comprenden por qué la vida no les ha concedido lo que estaría a la altura de su inteligencia o de lo que podrían llegar a hacer. La cuestión, sin embargo, es saber utilizar los propios dones y canalizar de forma correcta la energía que poseemos.

Yo, como numeróloga cabalística, puedo afirmar que todos los seres poseemos determinados dones. Ahora bien, para que puedan ser aprovechados, independientemente de los que poseas, es necesario que sepas trabajar con tus emociones y pensamientos a fin de crear las condiciones favorables. Y al mismo tiempo necesitamos saber trabajar con el medio que nos rodea, ya que vivimos en sociedad.

Trabajar con las diferencias, respetarlas y saber posicionarse ante los acontecimientos que se nos presenten es determinante para la paz y el desarrollo en la vida. Entiendo que en esta sociedad exógena existen diferentes verdades, diferentes opiniones. La opinión que tengas puede ser perfecta para un determinado grupo de personas, y puede no serlo para otro grupo. También es posible que tu opinión sea correcta, pero si la otra persona no estuviera preparada para recibirla, no logrará aceptarla. Es algo parecido a lo que significa el dicho: «Entró por un oído y salió por el otro».

En el momento en que te preguntes qué hacer y cómo has de comportarte con la experiencia que se te presenta, has de saber que la forma correcta de trabajar con esa emoción se encuentra dentro de ti mismo. Es la forma en que tú te sientes y en cómo piensas sobre esa determinada situación. A partir de ahí, te posicionas y das paso a los acontecimientos. Muchas personas dejan que las emociones se apoderen de su ser, y pierden el control de sus vidas. Incluso la persona que no cae en esa situación, porque no forma parte de su personalidad, pudo haber experimentado esa pérdida de control y supo darse cuenta de que no es ese el mejor camino.

La vida está formada por experiencias. Aplicar la sabiduría en las situaciones cotidianas te va a proporcionar éxito en cada una de ellas. La suma de esos éxitos dará resultados a largo plazo. El personaje principal de esa situación eres tú. Pero tu felicidad debe ser compartida con los que tienes a tu alrededor.

La calidad de las emociones y de los pensamientos es la que establece toda la diferencia. No hay problema en que puedan ser negativos, porque también vivimos esa clase de pensamientos. Ahora bien, el problema se presenta si no sabes trabajar con ellos. Por eso vamos a estudiar Mindfulness, Ho'oponopono y Reiki, a fin de adquirir una mejor capacidad, que es inherente a todo ser humano. Para trabajar con estas técnicas vas a necesitar dos elementos: tus pensamientos y tus manos. Así pues, en donde tú estés ellos también estarán contigo.

Ho'oponopono

El Ho'oponopono es una técnica que va ganando terreno entre las terapias altenativas. *Terapia* es un término de origen griego (*therapeia)* y significa «método de tratar dolencias y trastornos de la salud; tratamiento de la salud». Así pues, y aun cuando el Ho'oponopono constituya una práctica milenaria de los antiguos kahunas, en la actualidad se considera una terapia, pues actúa sobre el cuerpo, y mediante su práctica consciente establece una conexión entre cuerpo, mente y espíritu. Funciona liberando aquellos recuerdos del pasado que constituyen verdaderos nudos energéticos, bloqueos que ocasionan una serie de consecuencias en la persona.

Ho'o significa «causa», y *ponopono,* «perfección». Sería, pues, la perfección de la causa del problema; es decir, trasmutar la causa. Por eso decimos que el Ho'oponopono se utiliza para la limpieza de los recuerdos, especialmente los que causan sufrimiento, los que aportan vestigios emocionales a la vida, a través de reacciones en las que el inconsciente establece alguna relación con el dolor para protegerse. Recuerdos que pueden incorporar algún trazo no saludable a la personalidad del individuo; o incluso algo peor, recuerdos que atraen nuevas situaciones semejantes energéticamente a la primera, en uno o más trazos, por la Ley de la Atracción.

Es posible que encuentres raro leer que el Ho'oponopono trasmuta los recuerdos, porque, en definitiva, eso es algo que ya pasó y no es posible modificarlos. ¿Cómo podemos cambiar un recuerdo?

El hecho es que somos como un ordenador, y tenemos registrado todo lo que nos sucedió, aunque no nos acordemos de ello. Tenemos registros intrauterinos, registros de la primera infancia, de la infancia, de la preadolescencia, de la adolescencia, etc. Estos registros pueden estar a nivel celular o en nuestra conciencia, ya sea en su parte consciente o en el subconsciente. En este apartado no entraré en el tema de las energías y los bloqueos kármicos más antiguos, al menos de momento, pero todo lo que explique servirá de la misma forma para las energías que traemos de otras vidas.

Nuestro cuerpo, en estado esencial, es una parte del todo, como explica Deepak Chopra: «Un haz de energía e información, en un universo de energía e información». Nuestra esencia es una energía inteligente. Eso quiere decir que no somos solamente energía, sino una energía que posee registro. Somos haces de conciencia en un universo consciente. La conciencia está viva, vibra y es reactiva, y todo sucede por medio de vibraciones. De la misma forma que la conciencia, nuestro pensamiento también posee vida, corazón y lugar en el espacio. El pensamiento tiene el poder de transformar, pues posee información que vibra en este medio químico en que vivimos y que es reactivo.

El Universo es un campo energético infinito, vivo y consciente que recibe todas las informaciones que nosotros le enviamos. Y él también nos devuelve energía. Se trata de un intercambio dinámico, de dar y recibir; es la «Ley de acción y reacción». En esta su inmensidad se encuentra un campo de posibilidades infinitas que no están manifestadas, pero que se pueden manifestar a partir de ciertas órdenes. Nuestro pensamiento, sumado a la emoción, actuará como un mando de creación; o sea, a partir de sus pensamientos y emociones permites que ciertos sucesos se manifiesten en tu vida. Observa que tú creas tu vida, eres responsable de tu propia realidad; represente eso una buena o mala noticia para ti en este momento. Y en el caso de que fuera mala, entiende que es posible cambiar y comprende que, en realidad, es una buena noticia, pues puede cambiar y curar tu vida. Esta es una forma de explicar cómo el pensamiento transforma, dado que transforma una energía universal no manifestada en algo manifestado en su realidad. Por eso existe la Ley de Atracción: atraemos del Universo lo que le enviamos.

Comprende que el pensamiento acaba siendo el principio de todo, y que nuestra mente consciente puede escoger la mejor forma de pensar; podemos entrenar nuestra mente. El mero hecho de que este libro ya está alimentando tu cuerpo mental con informaciones que podrás utilizar en la cotidianidad, además de estar expandiendo tu conciencia. Puedes aprender a trabajar con tu mente, a dominarla; y a través de la transformación de tu mente vivirás tu reflejo en tu propia vida.

Prosperidad

Todo lo expuesto anteriormente resulta muy interesante, pero yo quisiera que desees alimentarte de estas informaciones no solamente para adquirir lo que materialmente desees en la vida. Me gustaría que entendieses que tu mundo exterior es exactamente lo que se halla dentro de ti. Y que todo eso va más allá de la materia; que tú puedes tener una vida próspera, llena de amigos, de salud, de libertad económica y buenas relaciones, pues, cuando tu alma sea feliz, el mundo te sonreirá. Con estas palabras me estoy refiriendo a la verdadera felicidad.

En relación con el dinero no pienses que no lo mereces. No creas que para poder desarrollarte espiritualmente has de deshacerte del dinero; es decir, que para que tu propio espíritu pueda evolucionar no le es posible tener dinero. Evolución espiritual no es sinónimo de pobreza, o de los límites que la pobreza impone. Todo esto son prejuicios de una deformación de lo que significa el dinero. El dinero no es más que una energía de intercambio; él nos ofrece posibilidades. Y cuanto más merezcas y hagas por merecer, recibirás esta energía que te permitirá intercambiar tus deseos en el mundo. Incluso es eso que hace que la persona con dinero posea un brillo extra, pues está realizada; está conquistando sus deseos, pudiendo invertir en los cursos que quiera, en sesiones de meditación, en limpiezas energéticas y en el cuidado de su cuerpo, sintiéndose al mismo tiempo poderoso.

Si tú deseas algo material, como puede ser un viaje, necesitarás dinero. Necesitamos dinero para conquistar parte de nuestros deseos. El dinero nos proporciona independencia y libertad para poder realizar deseos y sueños. El dinero es un mérito y una energía que fluye en la vida de la persona. Si la persona acepta la pobreza, se coloca en el papel de víctima y opta por aceptar esta situación. ¿Cuántas personas que nacen ricas pierden el dinero de la familia cuando tienen que administrar sus negocios? ¿Y cuántas que nacen pobres transforman sus vidas y obtienen el éxito? Ello nos demuestra que es necesario tener habilidad en el manejo del dinero. El problema es que en muchas personas se produce una inversión del papel del dinero, y dejan de considerarlo un «medio» para convertirlo en un fin en sí mismo. Es importante, pues, encontrar una manera de obtenerlo de forma natural, y saber gastarlo con productividad y sabiduría.

◆ ***¿Y cómo se puede desarrollar esta habilidad? ¿Cómo entrar en sintonía con el dinero?***

Presta atención a los sentimientos que tengas en relación con el dinero. Es posible que manifiestes algún tipo de creencia limitadora y tópica, como la que afirma que el dinero no trae la felicidad, que es sucio; o bien, que uno no es merecedor de él. Es posible también que todavía no hayas clarificado la causa de un bloqueo financiero. Si quieres clarificar alguna creencia, ya sea financiera o de cualquier otra índole, pregúntate: «¿Por qué no consigo hacer eso?», o bien, «¿Por qué no merezco el dinero?». Y tu propia respuesta te indicará el camino adecuado; es posible que tardes en encontrarla, pero finalmente te darás cuenta de que no tienes motivo alguno para sostener esa idea.

El primer paso para entrar en sintonía con el dinero es sentirse merecedor de él. Si, por casualidad, albergas alguna otra idea al respecto puedes valerte del Reiki o del Ho'oponopono para clarificar tu mente. La segunda cosa que deberás hacer es llevar a cabo alguna actividad que te sea agradable o que, por lo menos, puedas realizar con interés. Ese interés te aportará fuerza de acción, y de este modo depositarás tu energía vital en el momento presente. Tú estableces la intención, la construyes, y el Universo comprende eso y da curso a tu acción. Otra de las cosas que puedes hacer es realizar alguna otra actividad paralela, crear una oportunidad para incrementar tu fuente de ingresos. En ocasiones se trata de algo que sirve más bien como medio que como fin; pero tendrá su importancia y su funcionalidad entre tus objetivos.

El dinero no combina bien con la espiritualidad cuando se adquiere de forma interesada, irrespetuosa o arrogante, ya sea con otras personas o con el medio ambiente. Si te respetas a ti mismo, al prójimo y al medio ambiente, o te encuentras trabajando en algún proyecto o servicio que es bueno para los demás, y no en algo que es una mera ilusión fantasiosa, tendrás oportunidades para vivir toda esa prosperidad espiritual. Te corresponde a ti el darte cuenta de tu actuación; y no apresurarte, omitir o fingir que no sabes, porque tu inconsciente sabe muy bien lo que te conviene, y estará determinando tu realidad exterior.

Ejercicio

Sé consciente de tus deseos y de aquello que en ti combina bien con tus habilidades, y mantente focalizado en la construcción de lo que quieras obtener. Puedes practicar Ho'oponopono para trabajar las creencias limitadoras y los problemas que se quieren aclarar; puedes también aplicar Reiki para todas las situaciones con una técnica de reducción; y, finalmente, puedes practicar Mindfulness para focalizarte en tus actitudes presentes, concentrando tu energía en la construcción de tus objetivos.

Encontrando tu «Yo» a través del alineamiento de los «Yoes»

Es importante entender que, a partir del desarrollo espiritual, resulta posible alinearse con el Universo a fin de que tus deseos se manifiesten en tu vida. Al mantener una actitud espiritual, tus emociones se van haciendo más positivas, y la emoción se convierte en el lenguaje del Universo. Se trata de la famosa «Ley de Atracción».

La espiritualidad es rica, nuestra esencia abunda en cosas positivas; y para que conquistemos la salud, la inteligencia emocional y mental, el equilibrio, el desarrollo espiritual y la salud física y económica, es muy importante la reforma y transformación de nuestro interior. A través del desarrollo del autoconocimiento podrás ir conociéndote cada vez más, y mejorando progresivamente. Se trata de un proceso, de una evolución gradual a medida que vas ganando conciencia de tu «Yo cotidiano» y de tu «Yo esencial», el Yo que se aproxima a tu más pura esencia. Poco a poco, irás alineando cuerpo, mente y espíritu; y percibirás que cuando conquistas esa dimensión, haciendo vibrar pensamientos y emociones positivas, tus deseos van sutilmente, y a veces de forma nítida, manifestándose en tu vida. Cuando te empeñes en esa búsqueda, estarás viviendo dicho estado.

El Yo cotidiano es el modo en que te encuentras día tras día; el yo que se va transformando a lo largo del tiempo, tanto para mejorar como para empeorar. Cuanto más te espiritualizas, más te estás aproximando a tu Yo esencial; con una visión expandida, consciente del Universo y de tu conexión con el mismo, lo que te permite entender que eres más puro de lo que imaginabas. En definitiva, procedemos de este Universo de energía consciente, que es puro. En esta tercera dimensión en que vivimos nos vamos alejando cada vez más de nuestra propia esencia debido a las experiencias que vamos encontrando en el camino, las cuales también son necesarias para nuestra evolución, y a las que también atraemos a partir de nuestras emociones y acciones.

Cada persona, al vivir, posee una parte del Todo; constituye un haz de energía consciente que es único, ya que uno no puede ser de otra manera, portando todos diferentes informaciones. Para que esto quede más claro haré una comparación imaginaria que permitirá comprender mejor los arquetipos humanos. Imagínate que el Universo es como un gran cuerpo humano. Una determinada persona trae en su energía una información del «brazo»; por consiguiente, se identificará más con actividades mecánicas; otra persona acarrea una información de «cerebro», por lo que se identificará más con actividades intelectuales. De este modo existen personas con registros de diferentes informaciones. Unas pueden tener más facilidad para ciencias humanísticas, y otras para las ciencias exactas o matemáticas; cada uno de acuerdo con la inteligencia que lleva en su registro. Todas las partes son necesarias para que pueda existir una combinación complementaria en el microcosmos de nuestro planeta. Y, cuando esas partes regresan al universo, se forma el cuerpo entero, el Todo.

Como ya dije en mi primer libro *Ho'oponopono universal:* «Poco puede hacer un ingeniero civil sin el concurso de un cantero». Las funciones son complementarias y conllevan diferentes tipos de esfuerzo, mental y físico; y ambas son indispensables para lograr su objetivo final: una construcción. Todas las profesiones son necesarias; somos seres en desarrollo e interdependientes que necesitamos los unos de los otros. Cada uno, con sus correspondientes particularidades, necesita trabajar y conocerse mejor para purificar sus energías negativas y sus bloqueos, desarrollando y perfeccionando las informaciones que tiene; expandiendo cada vez más nuestra conciencia y acercándonos a nuestra esencia. Cuando encuentres tu verdadero Yo, trabajarás con algo que te hará sentirte realizado y completo; tu acción te hará fluida, ya que es algo que se encuentra dentro de ti; tu esfuerzo adquirirá un movimiento más fuerte, como si se hallase «a favor del flujo de tu propio río». Eso te aportará mucha felicidad, realización y satisfacción; y podrás tener la certeza de que tal estado de ánimo influirá en los seres que tienes a tu alrededor. Si logras unir eso con lo que hemos hablado de la salud financiera, también llegará la prosperidad financiera espiritual.

Por consiguiente, hemos de buscar esa esencia, ese camino que se encuentra dentro de nosotros. La búsqueda consiste en una interiorización, a través de los conocimientos que nos alimentan, que permitirá entrar en contacto con nuestra auto percepción y nuestros sentimientos, en un intercambio entre el mundo exterior y el interior. Independientemente de cuál sea la forma, el método, la religión o la técnica que vayas a utilizar, importa tan solo que se trate de un método eficaz para tu gusto; que te identifiques con él, y que de este modo logres aproximarte, cada vez más, a lo que verdaderamente eres tú.

Por todas estas razones me gusta el Ho'oponopono, y defiendo su práctica consciente; pues además de ser una excelente técnica de limpieza interior, es una metodología que permite que sigas disfrutando de otras muchas técnicas. Como es el caso de Mindfulness, en cuya técnica te limitas a observar tu cuerpo, tu respiración y las señales que se producen a tu alrededor. Se logra de este modo un silencio interior, a partir del cual podemos sentir cierto tipo de sensaciones y tener *insights*. En estas dos técnicas actúas entrando en contacto con los sentimientos que surgen en tu interior, con situaciones o problemas, tanto tuyos como ajenos; y en cada dificultad que se te presente tienes la oportunidad de poder curarte; es decir, se produce una visión más amplia que te impide centrarte, de forma limitada, en cada situación problemática que te pueda suceder. Cada vez más te vas abriendo de forma amplia a la felicidad.

Ejercicio

- Dedica de cinco a diez minutos diarios a entrar en contacto contigo mismo. Si este tiempo fuera demasiado para ti comienza por un minuto, con el cual ya notarás cierto efecto.
- Cierra los ojos y permítete simplemente ser.
- Observa tu respiración y los sonidos que te rodean y vuelve a concentrarte en ti mismo, en tu cuerpo.
- Advierte si se produce alguna emoción. En el caso de que identifiques una sensación desagradable en tu cuerpo, entra en contacto con ella, respirando profundamente, aceptándola y repitiendo el mantra del Ho'oponopono.

El Ho'oponopono nos aproxima al «Yo» esencial

El Ho'oponopono nos ayuda a trasmutar recuerdos, logrando una limpieza de nuestras energías y neutralizando aquellas cargas negativas que arrastrábamos hasta ese momento, o que pudieran surgir en nuestra vida. Los recuerdos son energías que han sido, o que están, fijadas en nuestra aura, o en nuestro cuerpo, a través de descargas eléctricas excesivas que se produjeron en un momento de *shock* o de fuertes emociones. Esto no quiere decir que al trasmutar un recuerdo no vayas a volver a vivir aquello que te produjo daño, pues lo que sucedió ya es historia y no puede modificarse; pero se puede trabajar ese recuerdo en el momento presente, para encauzar y dirigir el futuro. Cuando trasmutamos un recuerdo, en el fondo estamos trasmutando la energía negativa que se fijó en él en el momento en que se produjo el acontecimiento que la provocó. De este modo estamos liberando la carga motivacional que envía información al Universo, atrayendo situaciones semejantes a aquella primera, o que nos obliga a tener los rasgos de carácter que se adquirieron con la misma.

Comprende lo que acabo de decir: la carga motivacional de la que quieres liberarte es la emoción producida por algún problema. Vamos a suponer que todavía no has logrado liberarte de esa carga, de esa energía con información que posee vida, que vibra y reacciones en el Universo, ¿qué sucede entonces? Pues, con seguridad, volverás a atraer situaciones que se encuentren en sintonía con ese determinado problema. Y si se trata de un auténtico problema, muy probablemente ese atraerá a otro. Especialmente, si no eres consciente del proceso. Cuando surge un problema, te ligas emocionalmente a él, sufres y lloras y terminas proporcionando más energía, y por consiguiente más fuerza, al nuevo problema. Este nuevo problema termina por fijarse en tu propia energía y enviando una información que vibra en el Universo y atrae más situaciones negativas. Y así sucesivamente.

Pero entiende bien la situación: si te limitas a llorar, expulsando la emoción y resolviendo internamente la situación, todo irá bien. El problema surge cuando te aferras al llanto, al dolor, concediéndole poder a esa situación, viviendo ese perverso placer. Sin duda, seguro que conoces a alguna persona que parece disfrutar con el sufrimiento; es por ello que tales personas nunca abandonan ese estado de conciencia constreñida. Se quedan como en medio de una bola de nieve, y para ellas la vida está siempre retrocediendo. Cuanta más fuerza otorgues a los problemas, más vivirás con ellos. Comprende que si te mantienes bloqueado, ese bloqueo posee una carga motivacional que es una orden enviada al Universo, la cual atraerá nuevas situaciones que pueden tener rasgos comunes con el anterior. Un mismo problema puede atraer otros muchos; unos que se relacionarán con una parte del problema, y otros con otra parte. Es por ello que vamos comprendiendo la importancia del perdonar. Cuando perdonamos, liberamos bloqueos energéticos; no nos quedamos apegados al bloqueo que se encuentra relacionado con el problema. Al perdonar, dejamos de quedar apegados a situaciones o a personas que estén vinculados con el problema. Y esas personas y esas situaciones se hacen mucho más ligeras.

Mediante el reconocimiento del dolor y de los problemas, definiendo aquello que nos molesta o que produce en el cuerpo incomodidad, lograrás con el Ho'oponopono, que irá al encuentro de tu propia esencia, encontrar la clave para la limpieza de los recuerdos. De este modo podrás descubrir tus personales y verdaderas cualidades, y lograrás potenciar tus acciones y tus objetivos en tu vida. Es posible afirmar que, de esta manera, lograremos vivir más y con mejor calidad de vida.

El problema

Cuando se presenta un problema, podemos verlo, mediante el Ho'oponopono, como una oportunidad para trasmutar y trascender la carga emocional que lo generó. De esta manera, lo que creó el problema regresa al vacío, sin que se produzcan recuerdos; y ese problema se deshace, se resuelve de forma más tranquila y con menor esfuerzo.

Los problemas son causados, en buena medida, por nosotros mismos, que los atraemos con nuestros pensamientos, emociones y acciones. Cuando surgen, tomas conciencia de algún hecho que has vivido y que acaba convirtiéndose en un concepto, o en una idea, que se establece en tu plano mental y emocional. Ya se trate de un suceso, o de un patrón mental que tengas, los problemas van a influir en tus sentimientos. En realidad, actuarás de acuerdo con lo que sientas. Tus pensamientos influenciarán en tus sentimientos, los cuales, a su vez, influirán en tu acción o cuerpo físico. Cuando llega, la emoción es como un rastro, como un flujo rápido; después, solo queda el apego a ella, tanto si es positiva como negativa. Por consiguiente, disponemos de la posibilidad de responder, en primer lugar, emocionalmente; y a partir de ahí tendremos alguna idea.

Cuando nos alimentamos de buenas y sabias informaciones, llegamos a tener un mayor control emocional; disponemos de una energía cuya influencia pasa del cuerpo mental al emocional. Eso no quiere decir que la persona sabia no viva un sentimiento o una emoción saludable o dolorosa; por el contrario, vive ese estado, y cuanto más desarrollada sea la emoción más consciente de todo el proceso quedará. Esas personas sienten la emoción conectada con el cuerpo, desarrollan una mayor inteligencia emocional, contro-

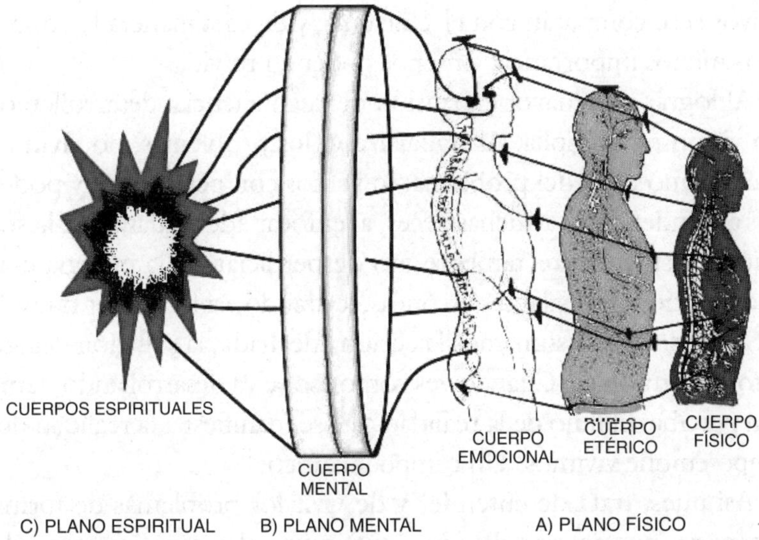

lando o evitando emitir respuestas reactivas a las situaciones que se presenten, lo que les permite sentirlas más plenamente, lo cual les aporta un saldo positivo en su vida. Saben que la existencia está hecha de elecciones y que una de ellas es la forma de trabajar las emociones, sea de una forma consciente o no. Y eso establecerá toda la diferencia en sus vidas; será determinante a la hora de llevarlas al éxito o al fracaso.

Si has tenido ocasión de hacer una meditación con Ho'oponopono, o has practicado cualquier otro tipo de meditación con la que hayas conectado y pudiste sentir calma y paz en un vacío sereno, eso significará que lograste entrar en contacto con tu propia esencia. Cuando sientes esta conexión y experimentas tranquilidad, viviendo una luz, te aproximarás a tu esencia, distanciándote de sentimientos negativos que se ven apoyados por tu ego en esta dimensión en que vivimos. Te darás cuenta de la pequeñez de estos sentimientos negativos si se comparan con el Universo; y de esta manera le concederás menos importancia y menos poder en tu vida.

Al lograr una mayor expansión de la conciencia, desarrollamos una visión más amplia. Al trabajar con los problemas, no vivimos en el mismo nivel del problema; lo vemos con perspectiva y podemos aprender de él. Muchas veces, al enfocar adecuadamente la solución y actuar correctamente, no desperdiciamos la energía con preocupaciones o palabras erróneas, logrando así fortalecer nuestra fe. Si a todo ello le sumamos la acción adecuada, la solución llegará de forma armónica. Cuando ves cómo eso se va desarrollando, también percibes el flujo de la realidad que se manifiesta; la realidad del campo en que vivimos. Un campo cuántico.

Así pues, trata de entender y de vivir los problemas de forma transitoria, puesto que ellos no constituyen el escenario eterno de tu vida, y no serán algo duradero a menos que lo determines así. Date cuenta de que de esta manera te fortaleces y desarrollas cada vez más tu visión, tu conexión, y, consecuentemente, el éxito.

Existe una influencia de los cuerpos exteriores sobre el interior; se trata de los cuerpos mental, emocional y físico. El cuerpo emocional puede activarse, en primer lugar, por medio de las emociones positivas, y la persona siente de forma consciente en el cuerpo las consecuencias del mismo. En otras ocasiones, el cuerpo mental influye en el cuerpo emocional que, a su vez, también actúa sobre el cuerpo físico. Independientemente de esto, el cuerpo emocional se localiza más próximo al doble etéreo que une nuestro cuerpo espiritual al cuerpo físico; por consiguiente, posee una energía más densa. Y cuanta más energía reciba se podrá materializar o manifestar como dolor en el cuerpo físico. La salud psíquica resulta fundamental para que no existan larvas astrales que lleguen a manifestarse en el cuerpo físico. Si padeces una psique alterada, pensando de forma negativa, abrirás la puerta a virus, bacterias y larvas que se manifestarán en tu cuerpo físico.

Nosotros también emitimos información al Universo a través de nuestras acciones, emociones y pensamientos, ya que todo ello engloba energía. La propia emoción es una energía con información mucho más condensada que un pensamiento, y posee incluso más fuerza e influencia sobre nuestras vidas, pues es más difícil de ser trabajada. En el supuesto de que ya practiques el Ho'oponopono tendrás aquí un buen ejemplo de esto; y podrás percibir que cuando practicas con voluntad y pones emoción en las repeticiones de tus palabras, incorporas a ellas el sentimiento y obtienes resultados más rápidos. Pero cuando simplemente lo haces «de boca para fuera», de una forma racional y mecánica, solamente estarás desarrollando el cuerpo mental y, en muchas ocasiones, no conseguirás resultados.

Algunas personas tienen dificultad en hacer los ejercicios con sentimiento, salir del plano mental. Estas personas todavía no han logrado desarrollar su sensibilidad energética, es decir, las percepciones que se desarrollarán a través del contacto con el propio cuerpo. Si fueras una de estas personas, no te culpes por ello, ya que no fuiste educado para esto. Limítate a percibir la sensación y trabaja sobre ella; desarrolla tu capacidad, ya que tal capacidad está dentro de ti. El Reiki es un camino excelente para alcanzar ese objetivo. También puedes trabajar tu cuerpo físico mediante la danza u otra actividad que exija más atención al cuerpo y a la respiración, como la técnica Mindfulness, el yoga o el Pilates. Estas dos últimas técnicas trabajan el cuerpo de dentro hacia fuera, y establecen una buena conexión consciente entre el mundo interno y el externo, a través de la respiración. Existe también la danzaterapia, que está basada en las teorías de Reich de la psicología corporal, el análisis bioenergético. Reich habla de las cargas de energía que se atan al cuerpo formando corazas, cargas que se encuentran íntimamente ligadas al carácter de la persona. Incluso llegó a escribir una obra con ese título: *Coraza muscular del carácter.*

De acuerdo con lo que ya expliqué, cuando algo sucede y sientes alguna forma de emoción, además de generar una energía densa también se crea un nudo energético, un bloqueo. Esta energía, ante la cual reacciona tu cuerpo con señales eléctricas extra, acaba por establecer informaciones en tu cuerpo. Y aunque llegues a olvidarte, al cabo de un momento o incluso de días de lo que sentiste, la energía se produjo; y, como ya hemos visto, el bloqueo energético tiene vida, pulsiona y es reactivo. Esta energía queda fijada en tu mente inconsciente que posee una conexión, mediante un cordón energético con tu Yo superior, al que los kahunas llaman cordón *aka*. Tu Yo superior se encuentra directamente unido a la fuente universal, al campo de todas las posibilidades. De este modo podrás ver cómo resulta fácil que enviemos una información negativa al Universo, la cual atraerá más situaciones negativas.

Es preciso que tomemos conciencia de todo este proceso para comprender el funcionamiento de nuestra vida, entender la forma en que el universo reacciona a nuestros pensamientos y acciones, y de este modo poder trabajar en nuestra reforma interior cuidando nuestros pensamientos. Si estás exigiendo cosas a la vida, paraliza ese proceso por tu propio bien; deja de juzgar y criticar a los demás, deja de escudriñar el césped del vecino y riega el tuyo, recordando siempre que cada uno tiene su propia información y no puede ser igual al otro. Y, si lo ves posible, abandona la posición de víctima y toma las riendas de tu vida. Intenta tener cada vez más pensamientos positivos, y toma conciencia de este cambio interior que habrá de reflejarse en tu vida, en tu mundo, conquistando de este modo el éxito y la propia realización.

Los recuerdos

Los *recuerdos* son cargas energéticas con informaciones de algo que vivimos en nuestra vida y que nos marcó emocionalmente. Puede tratarse de un recuerdo positivo o negativo. El recuerdo puede influir mucho en nuestras próximas acciones y elecciones; y por tratarse de una carga energética hace vibrar esta información en el universo. Cuando se produce un recuerdo negativo, si no ha sido trasmutado y continúa vibrando en el universo, puede atraer nuevas situaciones con rasgos semejantes. En este caso la persona va acumulando más recuerdos, bloqueándose cada vez más en determinados asuntos. A nivel de conciencia no percibimos con claridad esas conexiones; a no ser que, a partir de ahora, seas consciente de este hecho y puedas percibir realmente la ligazón que existe entre ellos. Acabamos atrayendo problemas, y haciéndonos la consabida frase: «¿Por qué me pasa siempre eso?».

No nos resulta posible modificar algo que ya sucedió. Los hechos se encuentran en el pasado; pero, al trascender la carga emocional relacionada con un determinado hecho, llevándolo a un estado cero, dejas de hacer vibrar esta información en el Universo. Llevando esa

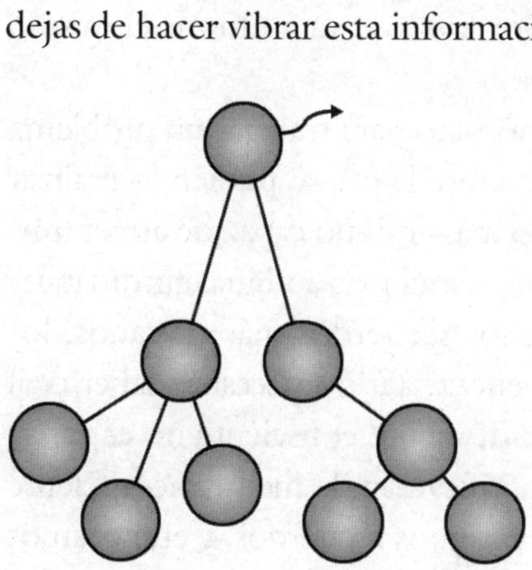

Si la carga energética de este recuerdo más antiguo fuera trascendida, puede eliminar la carga de los otros recuerdos que fueron atraídos por la carga motivacional del primer recuerdo.

energía trascendida al Universo podrás incluso acordarte del hecho, pero ya no lo revivirás al contarlo, ni sentirás emoción alguna al hablar de lo que sucedió. De esta forma dejas de atraer problemas que podrían convertirse incluso en algo cíclico en tu vida. Es así como ganas libertad con relación a tu pasado y abres el camino para construir tu futuro.

En muchas ocasiones sucede que tratas de actuar de acuerdo con lo que deseas, pero existe un recuerdo que hace vibrar una información contraria. A veces parece que la vida no avanza, que resbalas en el mismo lugar, pues tienes algo que está impidiendo tu evolución, y es posible que exista una carga emocional vibrando de forma contraria a tus deseos y objetivos. Depende exclusivamente de ti el buscar y descubrir estas cargas, y dispones de dos caminos para descubrir estos bloqueos. Puedes contactar con personas que están especializadas en trabajar con determinadas técnicas como son la *apometría* (una técnica desarrollada en Brasil que busca, esclarece y cura los bloqueos, incluso los pertenecientes a otras vidas), la *mesa radiónica* y otras técnicas asimismo excelentes, o bien a través de la *meditación*. Todas pueden trazar distintos caminos para encontrar un mismo bloqueo, y en todos los casos se va a utilizar el mismo elemento de curación: el Perdón.

Cuando practicas el Ho'oponopono para trabajar un problema actual, Ho'oponopono va actuar sobre la causa, pudiendo realizar la limpieza de un recuerdo mucho más antiguo capaz de atraer muchos otros. Cuando se trasciende la carga más antigua, automáticamente pierde fuerza la carga de los recuerdos más cercanos, logrando que la limpieza sea muy eficaz. Tú no necesitas saber cuál es la causa del problema, porque tu mente consciente no es capaz de eso. Pero cuando existe una purificación, la mente inconsciente va entrando en contacto con los antiguos recuerdos, y empezamos a tener *insights* (percepciones) de los antiguos recuerdos. De este modo queda muy claro qué fue lo que atrajo la nueva situación. Resulta algo increíble, pero es algo sobre lo que no se tiene control; algo sobre lo que no debemos generar expectativas, puesto que no siempre sucede.

Esta es la esencia del Ho'oponopono. Morrnah Simeona expresa muy bien en el siguiente texto esta idea de la libertad que conquistamos a través de la conexión con nuestra Divinidad interior:

El Ho'oponopono es un don profundo que nos permite desarrollar una relación funcional con la Divinidad interior, y aprender a pedir que, en cada momento, nuestros errores de pensamiento, palabra y obra sean purificados. El proceso se refiere esencialmente a la libertad, a la libertad completa en relación con el pasado.

Morrnah Simeona

Ejercicio

Trata de indagar las cuestiones que se encuentran en tu interior mediante Mindfulness y Ho'oponopono. De este modo aprenderás a entrar en contacto contigo mismo, a encontrar lo Divino que hay en ti; a conocerte y a ser menos dependiente de los demás. De este modo aprenderás a conectarte rápidamente. Trata de hacerlo, no desistas nunca de tu propia capacidad. Has de saber que es un capacidad que tenemos todos; basta con querer y no poner obstáculos.

El perdón

Cuando lees sobre Ho'oponopono aprendes que es necesario perdonar. Jesús nos dijo que perdonáramos setenta veces siete. Pudiera parecer algo fácil; pero, de repente, algo sucede contigo, alguien te causa mucho dolor y te retraes de alguna manera, te ves invadido por una gran tristeza a causa de lo sucedido y sientes odio hacia aquella persona que te puso en semejante situación. Encuentras que es absurdo lo que la otra persona fue capaz de hacerte, y decides practicar Ho'oponopono, preguntándote, al mismo tiempo, cómo vas a poder perdonar a esa persona y a decir que la amas. En tales momentos se hace difícil llevar a cabo el ejercicio, pues todavía sientes una gran resistencia en tu interior; y es ahí, precisamente, en donde está el secreto. No estás perdonando al otro; lo que estás perdonando es el sentimiento que hay dentro de ti.

Recuerda el Principio de la responsabilidad del Ho'oponopono que afirma que uno es cien por cien responsable de todo lo que aconteció en nuestra vida; y que solamente aconteció a partir del momento en que tomaste conocimiento del hecho y sentiste internamente la emoción al interiorizarla. Vas a perdonar esa emoción que se encuentra en tu interior para quedar bien contigo mismo, y no volver a atarte al pasado. Sentirte bien es lo más importante en ese momento. En estos casos asumirás tus sentimientos en relación con el problema, la responsabilidad de lo que está sucediendo, para tener la capacidad de trasmutar todo eso. De este modo conseguirás repetir para el Universo, y de manera mucho más eficaz: *Lo siento mucho. Por favor, perdóname. Te amo* y *Gracias.* Al tener la emoción interiorizada en ti mismo, te será más fácil poder trabajarla, pues te encuentras en contacto con la emoción que necesita ser trasmutada.

Perdonar no significa tener que aceptar nuevamente en tu vida a la persona perdonada. Significa que, para sentirte bien, perdonas lo que la otra persona te hizo; pero no es necesario que la disculpes y que la vuelvas a traer a tu vida. Disculpar quiere decir que estás librando de culpa a la persona que te hizo daño, para que también ella pueda sentirse bien. Pero no siempre va a resultar acertado llevar a cabo una nueva aproximación. Si decides aceptar, y sufrir, de nuevo a esa persona, solamente tú serás el responsable de tal situación. Existen casos y casos; en unos podemos acercarnos, pero en muchos otros lo mejor es apartarnos. Pero disculpamos aquellos casos en los que hemos de tener una convivencia futura, o con aquellas personas que tenemos una relación importante; a eso le llamamos *reconciliación,* en donde además de perdón existe la disculpa.

La Ley de la Atracción

La física cuántica es la ciencia que estudia la formación del universo, de la materia, y, por consiguiente, la formación de nuestros cuerpos. Los científicos han demostrado que la materia es energía en vibración. Somos energía, y emitimos informaciones a través de ondas magnéticas que varían de acuerdo con la frecuencia energética que esté siendo emitida. Cada onda tiene una determinada extensión, de acuerdo con su frecuencia.

Nuestro cuerpo está formado por diferentes tejidos compuestos de células; y estas células se componen a su vez de moléculas. Estas moléculas están formadas por átomos, compuestos también por partículas subatómicas que serían los protones, los neutrones y los electrones. Hoy día se conocen también los neutrinos, partículas todavía menores. Los protones, neutrones y neutrinos se encuentran en el núcleo del átomo; por lo que se refiere a los electrones giran a su alrededor. Los átomos tienen campo magnético; y como nosotros estamos formados por átomos, también tenemos nuestro propio campo magnético.

Nuestros pensamientos poseen una fuerza que se propaga a través de las ondas del campo magnético en que estamos inmersos e interconectados, ya que no existe vacío en nosotros. Captamos aproximadamente un pensamiento del campo magnético entre los once millones de bits de información que nos rodean. Mediante nuestros pensamientos podemos formar corrientes magnéticas que podrán ser utilizadas a distancia, por ejemplo, en el Reiki; al igual que lo que sucede con los acontecimientos telepáticos.

A partir de estos compuestos las leyes universales actúan sobre las creaciones de los seres vivos. Todo cuanto vivimos lo creamos de acuerdo con nuestra propia relación con el universo y según las leyes universales. Existe un intercambio dinámico entre nuestra conciencia y la conciencia universal. Enviamos informaciones al universo a través de nuestros pensamientos que, en muchas ocasiones, contienen una carga emocional. La emoción es el lenguaje al que responde el universo, el cual lo devuelve en energía manifestando algo, haciéndolo realidad en la tercera dimensión.

Cuando tratas de poner en práctica algo que, aparentemente, sería ideal pero que tu inconsciente no lo considera así, la idea no se manifiesta, ya que estás enviando inconscientemente una información contraria. Este pensamiento contrario puede ser una creencia limitadora. Esta es la Ley de la Atracción. Tú atraes lo que emitió en su campo. Tus creencias se hacen realmente reales, puesto que tú las has creado y has atraído la energía hacia ellas. Ahí está el secreto. Si algo que se está viviendo no te agrada, puedes trasmutar la información que lo está generando en algo que sea valioso en tu vida y que te aporte felicidad. En este sentido el Ho'oponopono es algo maravilloso, pues tú solamente necesitarás centrarte en los problemas actuales o en las situaciones indeseadas que están alterando tu vida para modificarlos.

El agua solarizada

Una práctica de purificación muy utilizada, y que yo la confirmo es el agua solar azul. El método es muy sencillo. Basta con poner agua filtrada en una garrafa azul y dejarla expuesta al sol, por lo menos durante una hora. El color azul actúa, y el efecto que produce beber esta agua es el mismo que el que produce el Ho'oponopono: una purificación de los recuerdos. Se puede utilizar para cocinar, beber, hacer café, regar las plantas y dar de beber a los animales; yo incluso he llegado a utilizarla para el biberón de mi hijo. He observado el efecto positivo de esta agua en un bambú que tengo en casa, que estaba muy débil cuando lo compré y en el cual he utilizado el agua en su proceso de recuperación. No es raro que haya personas que duden de estas prácticas. En tales casos, si la persona tiene dudas, el efecto benefactor no se producirá. Es necesario que exista confianza en el proceso para que tenga lugar la limpieza. Con fe se puede trabajar la parte emocional. Hay marcas de chocolate, como la M&M, cuya ingesta purifica recuerdos dolorosos de la infancia, cosa que para algunas personas carece de sentido; pero ¿no será que la variedad de colores de estos chocolates lleve algún tipo de información al subconsciente, recuerdos que, por ejemplo, estén vinculados a estados felices de la infancia? ¿Acaso el chocolate no libera hormonas de placer y satisfacción?

Así pues, existen respuestas fisiológicas que pueden estar ayudando en esa labor de limpieza.

El sol es para nosotros fuente de energía y de vida, y sus rayos funcionan como un gatillo que desencadena la producción de nutrientes en las plantas. Dependemos del sol y del agua para vivir. Se ha comprobado que el agua alberga recuerdos; así pues, energizarla con la energía solar e ingerir esta agua es introducir esa energía en nuestro cuerpo; en definitiva, será un agua con más vida. El color azul está vinculado con la limpieza, con el equilibrio y el amor. Beber agua solarizada es como beber un agua que pasó por un proceso de cromoterapia, y que conlleva funciones ligadas al color azul como son la verdad, la devoción, la intuición, la meditación, la expansión, la calma, la sinceridad, la fuerza del plano mental, el sacrificio por un ideal, la atención con el prójimo, la bondad, la pureza, el control, la lealtad, la sociabilidad, el amor a la familia, el compañerismo, la limpieza, el orden, el buen sentido estético, la ayuda para el estudio, la sensibilidad, la altivez, la ternura, el amor, la armonía, la tradición, la ética y la integridad.

Los estadios del Despertar

De acuerdo con Joe Vitale existen cuatro estadios, o aprendizajes, en el despertar:

1. De la victimización.
2. Del potenciamiento.
3. De la rendición.
4. Del despertar.

1. El primer estadio, o de la *victimización*, es un nivel en el que se encuentran la mayor parte de las personas, y son muchas las que pasan toda la vida en él. No hemos sido educados para alinearnos con la Divinidad; la mayoría no ha aprendido que la vida es mucho más que el plano material, y que cada ser humano tiene el poder de mantenerse equilibrado, y de trasformar una serie de cosas; es decir, que posee cierta sustentabilidad. Afortunadamente, esta visión viene experimentando un cambio entre las personas. Aunque cada uno crea su propia vida, lo hace de una forma inconsciente y, de este modo, pierde el control sobre sí mismo.

De niño, la madre falta al trabajo para proporcionar más atención al hijo enfermo. De este modo la persona aprende pronto que el encontrarse en un estado de debilidad le acaba beneficiando, al ser objeto de más atención y amor. Es preciso que los padres tengan cuidado para no caer en esta trampa, porque, si no es así, el niño carecerá de control y de conciencia, y creará este tipo de patrón psicológico. Como es lógico, se convierte en un adulto que se victimiza, que culpa a los demás, y que no asume las responsabilidades de los acontecimientos que le surjan en la vida. Cuando fijamos la culpa en el otro, depositamos el poder en sus manos, ya que es el otro el que tiene la capacidad de poder transformar algo, aunque sea en el plano negativo, y el que dispone de capacidad para influir en nosotros. El hecho es que si la persona se mantiene en ese estado de víctima, creyendo que se beneficia de esa posición, no podrá transformar su vida. Aunque crea ver una parte positiva en ese estado, se estará perdiendo una serie de cosas al no ser dueño de su propia fuerza. Muchas personas acaban sin descubrir de lo que serían capaces si fueran responsables de su propia vida en lugar de convertirse en una carga para los demás. Al evitar esa posición, la vida gana movilidad y ligereza, y consigues alegría, satisfacción y realización.

2. El *potenciamiento* significa que la persona, que se ha dado cuenta de que se encuentra en un patrón de victimización, pasa a responsabilizarse de sus hechos, comprendiendo que es capaz de transformarse. Comprende que puede hacer mucho más de lo que imaginaba; que tiene poder sobre su propia vida e, incluso, puede influir sobre la vida de otras personas. Al practicar el Ho'oponopono tú te encuentras en el segundo, incluso en el tercero, de los estadios del despertar, la *Rendición*.

3. La *rendición* es el estado en el que se halla la persona cuando, al experimentar su propio poder, percibe que existe algo mucho mayor, que es la Divinidad. Y se entrega a la Divinidad, pues se da cuenta de que su propia fuerza es nada al lado de la fuerza de Dios, de la Fuente. Ya que somos hijos de Dios, y Él posee una sabiduría mayor.

4. Tenemos, finalmente, el cuarto y último estadio, el *despertar*, aquel en que percibimos que somos mucho más que un cuerpo, pensamientos y emociones. Y que estamos viviendo todo eso. Observamos la Naturaleza como una parte de ella que somos; y, al contemplarla, nos conectamos con su belleza y con su abundancia. Percibimos nuestras palabras, sentimientos, pensamientos y conducta. Conectamos con nuestro estado espiritual y trabajamos siempre buscando la evolución, manteniéndonos más atentos a la vida, tanto si nos encontramos en un estado de alerta o nos hallamos relajados, ya que es el estadio en el que nos encontramos despiertos.

El Ho'oponopono nos ayuda mucho en este despertar, al alinear cuerpo, mente y espíritu, lo que produce una expansión de la conciencia. El Reiki también nos sirve de ayuda, y al ser un método de conexión directa nos convierte en un canal de energía. Ambas técnicas constituyen unas magníficas herramientas y una ayuda en nuestro caminar por la tierra.

El poder de las palabras

El Ho'oponopono es un método de curación basado en la repetición de estas frases:

Lo siento mucho.
Perdóname.
Te amo.
Gracias.

Para muchas personas su eficacia puede parecer imposible, pero actualmente existen estudios sobre el poder de la palabra y la influencia que ejerce sobre nosotros. Un médico y científico japonés, el doctor Masaru Emoto, que se graduó en Ciencias Humanas en la Yokohama Municipal University, y en Medicina Alternativa en la Open International University, descubrió mediante ciertos experimentos y extensas investigaciones que los cristales formados a partir de agua congelada se transforman de acuerdo con las ondas de pensamiento dirigidas al agua. Transcribo a continuación sus palabras:

> *Puedo afirmar, basándome en mis investigaciones, que el océano contiene el recuerdo de todas las criaturas que vivieron en sus aguas, y que los helados glaciares de nuestro planeta muy bien pueden contener la historia de millones de años de la Tierra. El agua circula por el globo terrestre, fluye por nuestro cuerpo y se extiende por el resto del mundo. Si consiguiéramos interpretar las informaciones que se encuentran contenidas en la memoria del agua, podríamos comprender el cosmos, las maravillas de la Naturaleza y la propia vida.*

Como suelo decir, la energía es vibración y la vibración es vida. Las palabras también son vibraciones; por consiguiente, ellas también son vida. A mi modo de ver, los pueblos antiguos sabían que todo comenzó con una vibración, y tenían conciencia de que la vibración es vida, luz y sonido.

Supongo que los seres humanos crearon las palabras con el propósito de diferenciar esos sonidos y poder comunicarlos a otras personas. Así pues, el sonido de las palabras es un don divino de la Naturaleza. El diseño de los cristales del agua representa una ilustración de esta dádiva divina.

El agua es un medio que recibe e interpreta incluso las vibraciones más sutiles. Capta esas vibraciones de forma natural, incluso cuando se encuentran en los caracteres o letras que representan el lenguaje, y nos muestra la energía de esas vibraciones por medio de los cristales.

El agua trata de comunicarnos algo. Las emociones negativas impiden su cristalización. Las emociones positivas dan origen a bellísimos cristales de forma hexagonal.

El agua compone el setenta por ciento de nuestro cuerpo; y, para mí, no cabe duda de que las informaciones contenidas en el agua desempeñan un papel fundamental en nuestra salud, así como en nuestras actitudes en relación con el mundo, y del mundo en relación con nosotros.

Abro un paréntesis aquí para explicar una razón muy profunda de esta cita. Decidí tomar algunas consideraciones para mi libro sobre las investigaciones realizadas por el doctor Masaru Emoto, y busqué en distintas fuentes más referencias sobre él, pues desde hace años asisto a su trabajo de forma eventual. En el transcurso de la semana dejé uno de sus libros y unas fotografías de cristales en el centro de la sala de mi casa... El viernes me fui, con mi marido y mi hijo, a São Paulo para realizar un curso de fin de semana. El sábado, cuando regresé del curso, mi padre me comentó que Masaru Emoto falleció el 17 de octubre de 2014.

Como homenaje de gratitud quise transcribir las palabras originales del querido doctor Masaru Emoto, que, con su gran sensibilidad, estuvo a punto de completar esta brillante investigación, tan profunda y significativa, que nos acompañará en nuestra evolución, en este mundo. Y quisiera que ahora el poder de la vibración de sus palabras se sientan enraizadas aquí, en mi libro.

Como pudo comprobar con sus investigaciones el doctor Masaru Emoto, las palabras que poseen una vibración positiva emiten un poder de transformación del agua en cristales, cuando se encuentra congelada. Siendo esto así, las palabras de humildad, de perdón, de amor y gratitud que se utilizan en el Ho'oponopono poseen esta capacidad de influir en el agua de nuestro cuerpo y en nuestra energía.

Véanse seguidamente algunas fotografías de cristales de las palabras que utilizamos en Ho'oponopono:

Cristal de Agradecida

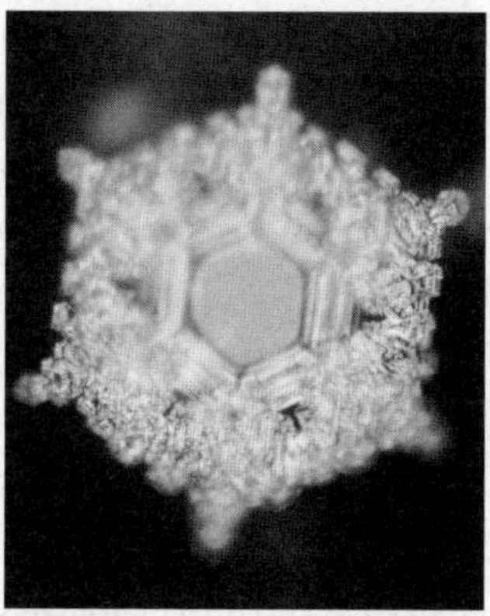

Cristal de Amor y Agradecimiento

Abajo, fotos de cristales de oración y armonía; pues al practicar Ho'oponopono tú puedes orar y conseguir armonía en tus pensamientos, en tus emociones y en tu propio cuerpo.

Cristal de la Oración

Cristal de la Armonía

El poder de las palabras de Ho'oponopono

Cuando decimos «Lo siento mucho», estamos reconociendo el problema, y nos hacemos responsables por él. Si asumimos el problema, sea nuestro o de otra persona, estamos mostrándonos humildes.

En este caso puedes preguntarme:

¿Y si yo no estuviera de acuerdo con lo que hizo esa persona?

Muy bien; tú no estás aceptando el problema, solamente lo estás reconociendo; pero di la oración y haz el ejercicio para él. El hecho es que, al asumirlo, adquieres poder y puedes cambiar algo, al no situarte como una víctima de la situación. Si el problema fuera tuyo —muchas veces las personas no logran descubrir los propios problemas, pues viven desde hace tiempo esas desviaciones y tales problemas se han vuelto algo familiar y común, algo que la persona está acostumbrada a soportar en su vida—, cuando percibas tal deficiencia, asúmela a fin de que así puedas trabajarla. Si te niegas a aceptarla, no te será posible cambiar y superar esa situación.

Asumir el problema no quiere decir que tengas que hablar de él con todo el mundo y hacerlo público a los cuatro vientos, es suficiente con que sepas asumirlo. Así pues, al decir «Lo siento mucho», estamos viviendo uno de los principios expresados por Jesús, y también por los kahunas: la humildad. Ahora bien, si tuvieras una persona de tu confianza, sería bueno que te expusiera ese problema. Cuando comentas esa debilidad tuya con una persona en la cual confías, es porque sabes que tal persona tendrá algo que decirte; tú le muestras tu propia sombra y, en ese momento, la sombra se clarifica inmediatamente. Porque la sombra no quiere verse expuesta. Además de eso, al compartir tu problema con otra persona, la cual también puede estar compartiendo el suyo contigo, se produce una suma de aprendizajes y de experiencias con las cuales pueden aprender ambas partes.

Cuando decimos «Perdóname», nos estamos liberando del bloqueo energético, del nudo energético que estaba vibrando de forma negativa, tanto en nuestro cuerpo como en el universo. De este modo dejamos de atraer a nuestras vidas nuevas situaciones negativas; o bien, dejamos de actuar de manera desequilibrada. Perdonar es encontrar la paz en uno mismo. De este modo vivimos el segundo pilar de Jesús: el Perdón.

Podemos recordar un pasaje del Evangelio:

> *Entonces Pedro se acercó a Jesús y le preguntó: Señor, ¿cuántas veces he de perdonar a mi hermano que ha pecado contra mí? ¿Hasta siete veces? Y Jesús le respondió: Yo te digo que no siete, sino setenta veces siete.*
>
> (Mateo 18:21-22)

Al decir «Te amo», estamos haciendo vibrar el amor, ya que esta es la vibración emitida por la palabra. Como dijo Masaru Emoto, las palabras existen para expresar la vida que ellas poseen a través del sonido. O también podemos decir que las palabras existen para dar vida a los significados que las personas quieren expresar, unas a otras. Al decir «Te amo», hacemos vibrar, además de amor, un sentimiento profundo de nuestro Yo para la otra persona; y eso fortalece todavía más el amor, pues establece un lazo con la situación, o con la persona, que necesita recibir esta energía amorosa. El amor es la energía más noble que tenemos, pues es esencia divina. Cuando el amor toca a una persona, a cualquier situación o a cualquier relación que manifieste esa carencia, todo se transforma y se ablanda, neutralizando las fuerzas negativas; ya que en este caso se busca la esencia que se halla dentro de la propia persona, o de aquella situación determinada, llenándola de amor y dándole una sensación de totalidad y de unidad.

Cuando manifestamos el sentimiento de gratitud diciendo «Gracias», estamos reconociendo para el Universo que recibimos algún tipo de bendición; estamos reconociendo que conquistamos la curación. Y eso fortalece el flujo energético entre tú y el Universo, o bien, entre la persona para la cual hiciste el ejercicio de Ho'oponopono y el Universo. Y es así como puede atraer más manifestaciones positivas hacia la persona o hacia la situación en cuestión.

Aloha

El quinto principio de Ho'oponopono es *Aloha*, que significa «en la presencia» *(Alo)* «de lo divino» *(ha)*. Podemos utilizar esta palabra al tratar a personas, lugares, situaciones y cosas. El decir *Aloha* es como si estuviéramos bendiciendo algo o derramando la energía de la divinidad, que es amor. Precisamente por eso, cuando decimos que *Aloha* es un principio kahuna, lo decimos en el sentido de compartir amor. Cuando todo se encuentra vivo, atento y reactivo, podemos utilizar el poder del amor para transformar nuestra vida; es decir, vibrando amor hacia las personas y los lugares. Para ello es importante no juzgar ni analizar, pues solamente de ese modo podrá brotar el amor. El amor es puro, no es racional, y aumenta cuando el juicio disminuye. El amor también aumenta cuando se reduce el espacio que establece entre tú y la otra persona. Si tú ves UNO con el otro, te resultará más fácil amar. Si, por el contrario, te ves alejado del prójimo, estarás dando lugar al caos. Tanto es así que los conflictos, las guerras, son el resultado de establecer distancias, y de la no aceptación del otro. La unificación aporta paz y armonía. Podemos compartir amor mediante las palabras, bendiciendo, mediante actos, o enviando sentimientos y energías positivas. Los hawaianos están emitiendo amor cuando dicen *Aloha,* palabra en la que cada una de sus letras posee un significado.

También podemos imaginar amor haciendo vibrar nuestro corazón en dirección a los demás, bendiciéndolos. Hemos de recordar siempre la enseñanza de Jesús: «Amarás a tu prójimo como a ti mismo» (Marcos 12,31). Recordando siempre que, ante todo, hemos de amarnos; pues solamente podremos dar aquello que tenemos para dar. Y para eso es necesario empezar por uno mismo.

Como expliqué anteriormente, las palabras hawaianas están formadas por raíces asociadas a ciertos vocablos que dan origen a términos que poseen un significado o un concepto específico. En el caso presente cada letra de la palabra *Aloha* posee un significado y un principio que han de ser desarrollados por el Yo. De acuerdo con los kahunas, desarrollar tales principios nos conduce a Dios.

Seguidamente quisiera invitarte a que reflexionemos juntos sobre cada uno de estos principios, para poder observar de manera consciente cómo los estamos experimentando en nuestras vidas.

«A» de *ALA*

La primera A de *Aloha* es la «A» de *Ala*, que quiere decir «ver la vida y estar siempre alerta».

En primer lugar, hemos de estar alerta con nosotros mismos. De nada sirve que queramos analizar al prójimo si, ante todo, no nos conocemos nosotros. Es a través de la propia experiencia y del propio desarrollo como podremos entender al prójimo y a los procesos de evolución por los que estemos pasando.

Estar alerta con uno mismo es entenderse, comprenderse y percibirse a cada momento. Vivir la vida estando siempre alerta con uno mismo y con nuestro entorno. Tú vuelcas la atención en el ambiente en el que te encuentras, y traes de vuelta la atención hacia ti, descubriendo ese ambiente. Observa cómo están tus pensamientos y la calidad de los mismos; cómo están tus emociones y lo que las desencadenó en un momento determinado; cómo está tu cuerpo y tu respiración. Estar atento a la respiración es una forma de traer a tu mente al momento presente, ya que la respiración establece la conexión entre cuerpo y mente. La respiración fortalece el cuerpo, y el focalizarse en el abdomen nos ayuda a centrarnos en el ahora, ya que el abdomen se encuentra distante de la mente, y resulta más fácil centrar en él la atención y no dispersarse.

Mantén un estado alerta a cada momento de tu vida, momento a momento, viviendo el aquí y el ahora. El ahora es, de hecho, el único momento que puedes vivir, y en el cual puedes construir. El ahora es tu momento de poder, y a fin de aprovecharlo adecuadamente es preciso mantenerse alerta. Cuando vives el momento, te puedes permitir sumergirte en la música que oyes, saborear profundamente el alimento que comes, vibrar con tu familia, construir un buen proyecto, y hasta cocinar experimentando con los cinco sentidos. Vivir alerta es «vivir de verdad».

«L» de *LOKALI*

La segunda letra de *Aloha* es la «L» de *Lokali*, que significa «trabajar con la Unidad».

Procura alinear tu cuerpo con tu mente y con tu espíritu; y para lograr esta alineación de cuerpo y mente es importante hacer lo que se dice, actuar de acuerdo con tus palabras. Resulta fácilmente perceptible que cuando una persona se encuentra desconectada de su cuerpo muestra claramente esa desconexión. Y tal cosa sucede porque mente y cuerpo no son cosas diferentes. Es a través del cuerpo cómo establecemos la conexión con el espíritu. La respiración constituye el hilo de conexión entre cuerpo y espíritu. El cuerpo es la parte exterior de la mente, y la mente la parte interior del cuerpo. tú puedes llegar a la mente a través de tu cuerpo, del mismo modo que puede contactar con su cuerpo a través de la mente. No obstante, el cuerpo resulta más accesible y más fácil de ser manipulado que la mente. Por tanto, el trabajo de limpieza de los patrones y bloqueos mentales puede iniciarse por el cuerpo y conseguir fácilmente el éxito; solamente es necesario quererlo y permitirlo. «Ningún problema puede ser resuelto al mismo nivel de conciencia que lo generó», decía Albert Einstein. En ciertas ocasiones necesitamos de la ayuda externa para poder avanzar, y es acertado buscar profesionales que nos puedan ayudar en este proceso.

Muchas personas que padecen una determinada dolencia tratan de curarse a través del cuerpo. De este modo solamente consiguen una parte de la curación, porque, en definitiva, el ser constituye una unidad de cuerpo y mente. El mismo razonamiento se produce en sentido contrario. Hay personas que consideran que todas las dolencias pueden ser psicosomáticas y cuidan solo la mente, con lo que solo consiguen una curación parcial.

Sabemos que el noventa por ciento de las enfermedades son psicosomáticas. El término *psico* procede de *psique,* que significa «mente»; *somático* procede a su vez de *soma,* que significa «cuerpo». Toda forma de pensar desequilibrada ocasiona enfermedades corporales, por lo que con el objetivo de curarlas ha de tratarse tanto el cuerpo como la mente.

Cuidar el cuerpo es tener una alimentación lo más natural posible, con lo que ya se previenen innumerables enfermedades. Es necesario que nos alimentemos con las llamadas alimentaciones vivas; que practiquemos asimismo algún tipo de actividad física y que evitemos los malos hábitos. Los hábitos destructivos aumentan los espacios interatómicos, debilitando el campo energético y produciendo un envejecimiento precoz, además de ocasionar muchas enfermedades.

No he citado el espíritu, pues estamos hablando de seres pertenecientes a esta dimensión, y el espíritu es el principio inteligente del Universo. Todas las enfermedades, al igual que todos los problemas, deben afrontarse de forma simultánea, en su aspecto físico, psicológico y espiritual. A esta búsqueda de resultados y soluciones en aspectos diferentes y complementarios podemos llamarla búsqueda de una solución espiritual. Todo problema tiene una solución espiritual, en la cual la visión que se tiene de él se expande, llevándola más allá del nivel del propio problema. Por este motivo podemos unir esta búsqueda de soluciones espirituales al conocimiento del Ho'oponopono, en donde no descartamos, sino que, por el contrario, reforzamos, la práctica de este método sumándola a la acción, a fin de conseguir el objetivo que se pretende. Tanto tu cuerpo como tu alma son energía. La diferencia estriba en la extensión lineal de estas ondas energéticas.

Así pues, el término *lokali* será trabajar nuestra vida, nuestro equilibrio, nuestros problemas y nuestro propio Yo en todos los aspectos; trabajar nuestra energía por entero, con unidad de cuerpo, mente y espíritu.

«O» de *OAIO*

La tercera letra de *Aloha* es la «O» de *Oaio,* que quiere decir «honestidad».

La honestidad es una virtud básica para el crecimiento espiritual. Se puede decir que constituye la primera virtud necesaria para que se produzca una conexión con el mundo angélico. A través de la honestidad y de la justicia se encuentra el amor; es por ello que los actos honestos son sagrados. La deshonestidad genera enemistades, infelicidad, odio y guerra. De la misma forma que atraemos a nuestra vida situaciones y personas positivas o negativas, de acuerdo con nuestros pensamientos, también las atraemos, y en mayor medida, con nuestras acciones que son todavía más visibles. Recogemos lo que sembramos. Así pues, ser honesto es una virtud básica que representa el pilar del ser humano equilibrado, desarrollado, consciente y conectado.

Es importante ser honesto en nuestros actos, tanto con los demás como con nosotros mismos. Para todo proceso de autoconocimiento es necesario que nos aceptemos tal y como somos. Y para realizar esa aceptación necesitamos ser honestos con nosotros. A fin de que se produzca esa autoaceptación es imprescindible tener humildad, reconocer nuestras debilidades y nuestras fuerzas. Al comprendernos, podremos aprovechar las cualidades que tenemos a nuestro favor, y seremos capaces de suavizar los defectos al aportar luz sobre ellos, encontrando cada vez más el equilibrio interno.

«H» de *HA'AHA'A*

La cuarta letra de *Aloha* es la «A» de *Ha'aha'a,* que significa «humildad».

La humildad llega después de la honestidad, ya que la honestidad está vinculada al chakra cardíaco, que lleva a desarrollar el amor. La humildad ya se encuentra ligada al chakra laríngeo cuando la persona trasciende su ego, y eleva su energía en dirección a su conexión con el Universo. Para trascender el ego es necesario ser humilde. El chakra laríngeo es el primer centro energético del elemento éter, un elemento muy sutil que no forma parte de nuestra dimensión. Por consiguiente, este chakra está dispuesto para un cuerpo en otra dimensión. Por tanto, la humildad es la base de la elevación espiritual. Si tú quieres cambiar, lo primero que necesitas hacer es aceptar aquel defecto que necesita ser pulido y trabajado. Para eso es necesaria la humildad, que sabrá asumir el defecto que deberá ser trabajado. Iluminando la propia sombra, aportarás más luz a tu personalidad.

Expongo a continuación algunas frases sobre la humildad que me gustan mucho, aunque desconozco sus autores. En todo caso quiero transcribirlas para esclarecer el concepto.

«La humildad no te hace mejor que nadie,
pero te hace diferente a muchos».

«Por más inteligente que uno pueda ser,
si no es humilde, lo mejor de uno se pierde en la arrogancia».

«La humildad es la parte más bella de la sabiduría».

La humildad es importante en el Ho'oponopono para que tú puedas asumir la responsabilidad de la situación que deseas cambiar. Es preciso tener humildad para poder perdonar. La humildad aporta equilibrio a nuestro ego.

«A» de *AHONUI*

La quinta letra de *Aloha* es la «A» de *Ahonui*, que significa «tener paciencia y perseverancia».

La paciencia es una virtud que, en el caso de que la persona no la tenga en su personalidad, se puede desarrollar mediante el trabajo interior. La paciencia es diferente de la tolerancia y de la perseverancia. Cuanto más se desarrolle tu espiritualidad, más desarrollarás también tu paciencia y tu perseverancia, y mejor entenderás que para concretar objetivos y metas en bases sólidas es necesario obrar y construir con habilidad.

Muchas veces es preciso, antes de concretar un objetivo, desarrollar alguna habilidad, y no actuar de manera rápida e insensata. Para ello disponemos de la razón, que no permite que las emociones se muevan por impulsos. De ese modo se busca el resultado con mayor objetividad y sabiduría, al entender que es preciso tener paciencia y perseverancia para lograr éxito en la vida. Todo se puede conquistar, y para ello disponemos del tiempo en la tercera dimensión, que es lento. Resulta importante comprender esto, puesto que todo tiene su tiempo y nos llega en el momento adecuado. Necesitamos respetar el ciclo de la vida, y los tiempos de construcción, crecimiento y cosecha.

La intolerancia demuestra una inquietud y una incapacidad que, muchas veces, se ve determinada por la persona que se hace víctima de la situación, pues está aceptando algo que pasó del límite, y no nos gusta. Es importante tener claros los límites, y realizar intervenciones equilibradas en esos momentos que nos sobrepasan. Asimismo, es muy importante que respetemos los límites que nosotros mismos nos hemos impuesto, tanto en nuestro cuerpo como en nuestra mente. Del mismo modo es importante que respetemos los límites de las otras personas y de la misma sociedad, a fin de que pueda existir una armonía general. Un límite de la sociedad puede estar relacionado con el medio ambiente, como igualmente puede estar relacionado con leyes y normas necesarias para que exista una convivencia más armónica.

La perseverancia es una virtud que une paciencia, determinación, fe y acción. Por consiguiente, ayuda a desarrollar la disciplina en el ser humano. Constituye una virtud compleja, no por su dificultad, sino por la persistencia y unión de factores fuertes, como son la paciencia y la fe, lo cual la dota de mucha nobleza.

Mindfulness

La traducción de *Mindfulness* es «Atención plena» o «Mente presente». Esta técnica consiste en el desarrollo de la capacidad de focalizar nuestra atención en el Aquí y el Ahora; en adoptar un estado mental de serenidad y de alerta. Para ello podemos entrenar nuestra mente a fin de mejorar esta capacidad de focalización consciente e intencional, adoptando una postura de aceptación de los hechos tal y como se presenten.

La técnica Mindfulness fue desarrollada por un médico estadounidense, el doctor John Kabat-Zinn, al que se invitó para que tratara pacientes que no respondían al tratamiento convencional. El doctor Kabat-Zinn, practicante del budismo zen, reunió en su técnica fundamentos de la filosofía y la práctica budista de Atención Plena, y desarrolló un programa de ocho semanas de duración. La respuesta fue tan positiva que fundó la Clínica de Reducción de Estrés (Stress Reduction Clinic) en el Centro Médico de la Universidad de Massachusetts.

Estos ejercicios desarrollan capacidades mentales de atención, presencia y conciencia que perfeccionan nuestra capacidad de concentración y focalización, además de ayudar a clarificarnos con nosotros mismos y clarificar nuestro entorno. En consecuencia, estos ejercicios nos proporcionan resultados más consistentes y eficaces para nuestras acciones, además de darnos un mayor autoconocimiento y unas acciones conscientes y proactivas. Así pues, Mindfulness también puede ser considerado como un conjunto de prácticas y ejercicios para desarrollar la mente presente. A partir del momento en que tomas conciencia de lo que en realidad es Mindfulness e inicies su práctica, rápidamente podrás percibir su eficacia. Al introducir en tu vida el hábito de practicar Mindfulness, momento a momento, acabarás por vivir de forma mucho más intensa; y, al mismo tiempo, con mayor paz interior y más claridad.

Poseemos nuestros cuerpos físico, emocional, mental y espiritual. Experimentamos diariamente expresiones físicas y emocionales a través de sensaciones, y vivimos sin el menor esfuerzo nuestras manifestaciones mentales mediante los pensamientos y percepciones de la conciencia. Así pues, al ser Mindfulness una práctica del Momento Presente, estamos utilizando nuestro cuerpo como objeto de atención, dado que está siempre presente allá donde vayamos, y sabiendo que es mediante nuestro cuerpo como experimentamos la vida.

La vida está hecha de momentos, y en ella tú tienes la serie de experiencias que se te presentan. Vivimos tales experiencias a través de la respiración, del cuerpo, de las emociones y de los pensamientos, y también a través de todo este conjunto nos vamos entrenando en la Atención Plena, momento a momento; ya sea en el terreno de la práctica formal, o bien aplicándola en nuestra vida diaria, a la que denominamos práctica informal.

En la práctica formal tenemos como objetivo la respiración, las sensaciones corporales, las emociones y los pensamientos. Desarrollamos la capacidad de prestar atención de forma intencional de momento a momento, con aceptación y sin críticas, análisis o juicios. Este entrenamiento se refleja de forma directa en la práctica informal del día a día. De esta forma, abandonamos «el piloto automático» y prestamos atención a lo que estamos haciendo o con quien estamos hablando, sin perder contacto con la experiencia, a través de los procesos mentales.

La práctica formal de Mindfulness no consiste en una meditación que tenga como objetivo la relajación. Esta relajación puede producirse por medio de la meditación, de la misma manera que puedes percibirte en un estado de angustia, de agitación, de aflicción o de impaciencia. Lo importante es entrar en contacto con tus sensaciones, con tu cuerpo, percibir los pensamientos; y, a cada percepción, recibirlo todo con aceptación y sin hacer críticas. Esta aceptación incluye también saber aceptar de forma natural los pensamientos que nos presenta la mente, ya que no tenemos por objetivo parar esos pensamientos. Pero, poco a poco, y con la práctica, la mente se va silenciando; y, si surge algún pensamiento, lo aceptas serenamente, centrando tu atención en el momento presente.

Descubrirás que tu tendencia natural es analizar, dado que tienes experiencias pasadas, pero hemos de considerar que cada momento es único. Procuramos descubrir cada nuevo momento con la mirada de un niño que está descubriendo el mundo sin poseer condicionamientos. El niño, con su inocencia, lo vive todo con mayor intensidad, y consigue ser feliz con momentos sencillos. Eres tú quien otorga la grandeza al momento que vives. Con el tiempo hemos ido perdiendo esta característica, y es muy saludable rescatarla. A ese proceso le damos el nombre de mente de principiante.

Partiendo del principio de aceptación no entraremos en conflicto con las dolencias, las emociones y los pensamientos; por el contrario, tras percibirlos, los vamos aceptando tal y como se presentan, pues esa es la realidad actual, la experiencia que la vida nos proporciona en este momento. Si la experiencia fuera positiva, vivirás plenamente ese estado de alegría; pero, a pesar de experimentarla en cuerpo y alma, no debemos apegarnos a ella cuando llegue a su fin. Si, por el contrario, tu experiencia fuera negativa, también la aceptas y sientes tu dolor, pero no permaneces en el sufrimiento.

La forma de vivir que tú escojas va a afectar de forma directa a todas las manifestaciones de tu vida y a las acciones que realices en tu medio. Esta elección está relacionada con la conciencia alerta de tu cuerpo, las emociones y los pensamientos que tengas en cada momento, aceptándolos plenamente y sin emitir juicios. Es como si aguardases a actuar en el momento en que tienes clara la realidad que se te presenta. Desde un punto de vista Mindfulness, es una manera de vivir la vida de forma plena, pacífica y alerta en todos los planos vitales. Tú puedes aplicar sus fundamentos en todo momento. La práctica de Mindfulness se reflejará en tu vida profesional, familiar y social, porque va a actuar en primer lugar en ti mismo. Y, cuando no consigas liberarte de una emoción o de un pensamiento, también dispones de Ho'oponopono como perfecto aliado.

Mindfulness y respiración

La respiración constituye la conexión perenne entre nuestro cuerpo y nuestro espíritu. Fluye constantemente, de momento a momento, y constituye un anclaje con el momento presente. Cuando te concentras en el movimiento de la respiración, sintiendo cómo el aire penetra en tu cuerpo, hinchando tu abdomen y echándolo después, vaciándolo, en el momento de la espiración, tu conciencia se desplaza a una región más apartada de tu mente, y a ti se te hace más fácil traer tu atención al momento presente. Siempre que precises fijar tu atención, puedes hacer como mínimo tres respiraciones conscientes, observando cómo entra el aire y sale de tu cuerpo y el movimiento de este durante la respiración. De este modo conseguirás enraizar tu atención.

Ejercicio

Siéntete de manera confortable y atrae tu atención para centrarla en tres respiraciones, sintiendo el movimiento de tu mente en este momento y en tus acciones siguientes. Te recomiendo que hagas este ejercicio una vez al día, como mínimo, ya sea en el trabajo o en tu casa.

Mindfulness y el cuerpo

Cuando atraemos la atención a nuestro cuerpo, ya sea mediante la respiración o la percepción de sensaciones corporales, vivimos el momento presente de manera mucho más intensa. Es como si dijéramos que estamos viviendo cuerpo y alma, pues no solamente está presente el cuerpo, sino que también nuestra conciencia está alineada con el cuerpo en ese momento.

La mente posee una naturaleza agitada que hace que nuestra conciencia se pierda en pensamientos pasados y futuros, apartando nuestra concentración de lo que estamos haciendo y viviendo en ese momento presente. De esta forma ese momento presente pierde su valor, pues no estamos concediéndole la atención que se merece.

Es como si, al pasear con la familia, estuviéramos pensando en nuestro trabajo, o como si quisiéramos estar en otra parte. De este modo estás dejando de aprovechar lo que se encuentra disponible para ti en ese momento; siendo, precisamente, ese momento presente el único que puedes vivir. Es algo parecido a comer un bombón y no saborearlo; al terminar de comerlo, tus pensamientos estaban tan concentrados, tan ocupados en otras cosas, que tú apenas te diste cuenta del sabor de aquel bombón tan poco valorado. ¿Cuántas personas comen para compensar algún tipo de ansiedad y no logran experimentar el placer de la comida?

Tuve un alumno al que dedicamos mucho trabajo y entrenamiento para que pudiera perder peso, ya que pesaba más de cien kilos. Cada vez que perdía cien gramos lo celebrábamos mucho. Su gran vicio era el chocolate. Cierto día tuvimos una larga conversación sobre el tema y, a causa de ella, empezó a saborear cada mordisco que daba al chocolate o a cualquier otro alimento; también le pedí que masticase bien y que sintiese todo el sabor y el placer que aquel alimento le podía proporcionar. No cuestionamos el consumo de azúcar, sino simplemente la relación que él mantenía con el chocolate. Le pedí que extrajese el máximo placer de cada mordisco. Un año después había perdido treinta kilos y estaba delgado y saludable. Había cambiado la relación que mantenía con la comida, pasando a prestar atención al momento de la comida, y adoptando una nueva perspectiva. Pasó a estar con la mente presente, a observarse y a entender las emociones y las acciones que vivía con aquel hábito que ya estaba dañando su salud. No solamente evitar el hábito de comer a diario grandes cantidades de chocolate, sino también llevar a su conciencia ese momento en que establecía la relación con el chocolate. Su cuerpo había estado pagando un alto precio por aquel hábito, y por eso él supo responder de forma positiva y rápida cuando se produjo este cambio en su interior.

Dejó de pensar que su existencia estuviese basada en pensamientos y emociones, y que el cuerpo fuese tan solo una extensión de su conciencia. Como seres humanos, hemos de cuidar nuestro momento de «Ser»; sencillamente hemos de estar en el cuerpo y sentir lo que es «ser» este cuerpo, y estar en él. Vivimos nuestra existencia corporal, emocional y mentalmente, de forma conjunta. Son formas diferentes de expresión de nuestra existencia; y es importante que comprendas que esas tres expresiones poseen un lugar en el espacio. Si tu cuerpo ocupa un lugar en el espacio, tus emociones y tus pensamientos también.

Y puesto que los pensamientos son ondas, se mueven a una velocidad muy distinta de la que se puede percibir; y el universo capta eso. Tus emociones y tus pensamientos tienen poder y, por consiguiente, debemos cuidarlos para que la Ley de Acción y Reacción sea positiva. Los pensamientos constructivos modifican la calidad de tus experiencias, de tus emociones y de tu posicionamiento ante cualquier situación. Los pensamientos negativos pueden reforzar emociones negativas. Los pensamientos y las emociones están unidas al cuerpo e influyen en él de forma directa; del mismo modo que el cuerpo también influye en las emociones y en los pensamientos. Esto es lo que ya dije anteriormente sobre las emociones procedentes del cuerpo astral, que se reflejan sobre los órganos y las acciones. Cualquier ámbito en el que trabajes repercutirá sobre los otros cuerpos. Estamos hablando del cuerpo físico, del cuerpo emocional y del cuerpo mental.

Uno de los objetivos de Mindfulness es asociar cuerpo y mente para que vivas de forma completa tus momentos. Es una meditación que puedes practicar tanto formal como informalmente, ya que puedes encontrarte en cada experiencia de tu vida, bien sea en tu hogar, en el ocio o en el trabajo. En cualquiera de estos momentos procura alinear el cuerpo y la mente. Recordando siempre que la mente tiene tendencia a valorar cada situación. Lo mismo que sucede cuando observamos nuestro cuerpo en el momento en que interpretamos una experiencia. Es algo parecido, por ejemplo, a lo que se produce cuando sentimos calor y nos quitamos la chaqueta. Así pues, el entrenamiento diario es aprender a notar las percepciones que surjan, y centrarse en la respiración, en el propio cuerpo o en aquello que tú estés haciendo en ese momento. Hemos de aplicar siempre esta teoría en nuestra vida. Si estás en el trabajo, tienes un objetivo que cumplir. Tu objetivo también es tu objeto Mindful.

Por consiguiente, podemos vivir el momento presente mediante la práctica de la exploración corporal, ya que el cuerpo está siempre presente. Aunque tu mente se encuentre dispersa, el cuerpo estará recibiendo todas las informaciones del campo energético. Si alguien piensa en ti insistentemente, las ondas del pensamiento de esa persona se propagan a través del campo de energía en el que nos encontramos inmersos, llegan hasta tu campo físico y tú las recibes en tu cuerpo. Así pues, el cuerpo está recibiendo constantemente información del mundo exterior. Esta información se envía a su córtex cerebral y se traduce de una forma que pueda ser expresada o comprendida por ti. Sin embargo, no siempre comprendemos esa información, ya que recibimos muchos estímulos que no los vemos, pero sí los sentimos.

Dado que el cuerpo posee una conciencia corporal de una determinada información, tú puedes aprender mucho al vincularte a esas sensaciones corporales. Esta conciencia corporal incluye cuanto hacemos y sentimos, expresándose mediante sensaciones corpóreas.

Y estas sensaciones hacen que la gente se mueva y actúe, sin que muchas veces se dé cuenta de ello. Pero podemos aprender a escuchar a nuestro cuerpo entrando en contacto con él, y permitiendo que se pueda manifestar en el espacio. Así pues, al obrar de este modo, vamos procesando nuevas experiencias.

Limítate simplemente a observar tus sensaciones. Sean buenas o no, no las juzgues; acepta y percibe tu experiencia sin perderte en tus pensamientos. Al sentir un dolor tú puedes escoger dos opciones: aceptar tu existencia y cambiar tu centro de atención, concentrándote en tu respiración y en tu centro de fuerza. O, por el contrario, al sentir ese dolor puedes entrar en contacto con él al máximo y fomentar, de este modo, el sufrimiento.

Cuando se produce un dolor, suele venir acompañado por emociones y pensamientos que acaban por intensificarlo. Cuando un niño pequeño se golpea, llora por varios motivos: por la experiencia que le produce el dolor, por el susto, por lo desconocido del hecho, o por lo que le pueda pasar; todo parece confundirlo en ese momento. Los críos viven intensamente el momento presente. Y al escuchar de otra persona palabras positivas, se calman y sienten menos ese dolor. Cuando sientas un dolor, o una incomodidad corporal, busca esa experiencia de aislar ese momento doloroso sin rodearlo de pensamientos. Al estar alerta, con la mente presente, tú tienes más posibilidades de elección.

Así pues, nuestro estado de presencia en cada momento debe enfocarse en todas las dimensiones de nuestra existencia: cuerpo, emociones y mente.

Seguidamente te invito a que vivas una experiencia rápida.

Ejercicio

- Detente un momento y observa cómo está tu cuerpo, cuál es tu postura.
- Observa si sientes alguna incomodidad, algún tipo de sensación.
- Procura adoptar una posición confortable, ya sea en una silla, en la cama o en el sofá. Ahora siente esa posición de forma más confortable.
- Observa si se produce alguna sensación en tu cuerpo. Observa también tus propios pensamientos. Comprueba que puedes cambiar el foco de tu conciencia hacia estos tres ámbitos: mente, emoción o cuerpo. Lo que piensas, lo que sientes y cómo te encuentras en el ahora.

Mindfulness y las emociones

Todas las personas poseen un conjunto de recuerdos, buenos y malos, que acaban reflejándose en la forma en que reciben nuevas informaciones y se graban en nuestra conciencia corporal. Llamamos *reactividad* a la capacidad de reacción automática que tenemos ante las situaciones y las emociones que estas despiertan en nosotros. Un mismo acontecimiento puede ser vivido de forma completamente diferente por dos personas.

Una emoción es una respuesta, procedente de los recuerdos, ante situaciones semejantes. Si eres padre, o madre, y viviste el nacimiento de un hijo, al ver en una película una escena de parto, volverás a vivir esa escena de forma mucho más intensa que quien no ha experimentado esa vivencia. Tanto en emociones positivas como negativas, cuando tienes un recuerdo lo vives de manera más intensa si se da una situación parecida a la que lo originó.

Así pues, la emoción es una señal de que existe algo dentro de ti que tiene que ver con un determinado asunto. Si no la aceptas, entrarás en conflicto con ella y presentarás una reacción impulsiva de rechazo, aunque lo más perjudicial para ti sea no hablar de la situación ni explorarla. Si, por el contrario, aplicas Mindfulness y te das cuenta de qué tipo de emoción es la que se te ha presentado, y cuál fue el estímulo que la originó, ganarás tres cosas:

- ✔ **Autoconocimiento**: Al observar cómo reaccionas ante una determinada situación, te darás cuenta de que lo haces de manera diferente a otras personas.
- ✔ **Oportunidad de curación:** Como decimos en Ho'oponopono, el problema es una oportunidad de curación. Una emoción, o un bloqueo, es una energía que trae información de algún problema que se originó en un determinado momento de tu historia personal. Al descubrir tu reactividad, puedes entrar en contacto con esta emoción y purificarla mediante el Ho'oponopono.
- ✔ **Elección:** Aquí tienes la oportunidad de escoger tu forma de actuar. Puedes hacerlo bajo un estado de impulsividad; o bien, tras haber identificado la emoción y haberla entendido en cierto modo, actuar con claridad y no crearte más problemas. De este modo podrás disfrutar en paz de un momento, que de otro modo te hubiera resultado muy caótico.

Vamos a utilizar las emociones como un sensor que nos indique cuándo algo debe ser purificado en nuestro interior, o cuándo algo positivo debe vivirse con entrega de cuerpo y espíritu. Y vamos a invitar a nuestra conciencia a vivir sin análisis ni juicios; pues estos se ponen en marcha en el momento en que carecemos de toda la información necesaria; y nos obligan a aceptar como verdadero un análisis que, en muchas ocasiones, está equivocado y genera reacción. Así aprendemos a experimentar las emociones de una manera más liberadora. Confía en la observación de las emociones, haciéndolo con aceptación y plena atención. Eso te permitirá disponer de mayor claridad contigo mismo y con los hechos de tu entorno.

Esta aceptación se refleja en no querer modificar el momento presente y en vivirlo de forma plena, ya se trate de un momento positivo o negativo; saber vivir el momento agradable, con entrega pero sin querer aprehenderlo, pues antes o después cambiará; y saber vivir, asimismo, el momento desagradable, comprendiendo que se trata de la experiencia que tú debes vivir sin miedo para realizar algún tipo de aprendizaje o por necesidad, sabiendo que no será así para siempre. Todo se halla en constante movimiento y cambia continuamente, como las olas del mar y como la propia Naturaleza.

Ejercicio

- Recuerda dos o tres momentos del día en los cuales actuaste de forma impulsiva, o durante los que sentiste un impulso que te puso ante una determinada situación; y piensa si en esas ocasiones lograste centrarte y actuar de manera proactiva.
- Percibe cómo te estás sintiendo en el momento presente: calmado(a) y sereno (a) o ansioso(a), alegre, animado, triste o depresivo (a).

....

....

....

Mindfulness y los pensamientos

Los pensamientos dirigen nuestras acciones conscientes, pero eso no quiere decir que tales acciones se realicen conscientemente. Podemos decir que son las acciones que realizamos de manera rutinaria, las costumbres o, sencillamente, nuestro posicionamiento ante la vida, el que procura valorarlo y entenderlo todo.

Así pues, cuando nos concienciamos de nuestra reacción ante un hecho, podemos percibirlo. Comprendemos qué tipo de comportamiento y cuáles son los patrones que tenemos para enfrentarlo. Este proceso ya es interesante en sí mismo. Al percibir el hecho, tu mente deseará analizarlo, juzgarlo y criticarlo para dar nombre a esa determinada experiencia. Es como si el ego procurase dar validez a todo lo que vive para sentirse seguro. Pero estas valoraciones concluyen en juicios y en la creación de ilusiones; y, en consecuencia, en problemas para la persona que está pensando de forma distorsionada.

Si la gente conociese el poder que tiene el pensamiento, no dejaría de practicar Mindfulness y Ho'oponopono. De este modo estarían purificando su pensamiento, educando su mente y creando una realidad física placentera y repleta de amor. La Ley de Atracción se basa, principalmente, en el pensamiento. El instrumento del que dispones para atraer la realidad que te gustaría vivir es precisamente tu pensamiento.

Así pues, vamos a conocer nuestros patrones mentales, a entrar en contacto con uno mismo ante cada situación y en todo momento. Ahora puedes estar leyendo y, cuando menos lo esperas, ya estás pensando en alguna cosa de tu vida. El pensamiento nunca se detiene; dispondrás de innumerables ocasiones para percibir tus pensamientos. Aunque ya conozcas la Ley de Atracción, podrás contactar más profundamente con tu patrón mental que, en ciertas ocasiones, se muestra escondido tras una simple opinión.

REFLEXIÓN: A cada pensamiento negativo, o que no se encuentre alineado con la perfección divina, por más que creas que tu opinión es la verdadera, observa tu pensamiento y vibra amorosamente en la situación que estés analizando. Repite tres veces: «Lo siento mucho. Perdóname. Te amo. Gracias» cuando tengas una opinión mental que no se encuentre acorde con la perfección divina. Poco a poco, tu patrón mental se irá puliendo, lo cual fortalecerá tu cuerpo mental, aportando más fuerza y mejores cocreaciones a tu vida. Sé consciente de cuántas veces tendrás que hacer eso a lo largo del día.

Mindfulness y otros objetos de Atención Plena

Debemos acostumbrarnos a aplicar Mindfulness a nuestra vida. Así pues, tu objeto de atención puede ser un trabajo que estás haciendo, un texto que estás escribiendo o un libro que estás leyendo.

Dirijo meditaciones semanales en las cuales empleo diferentes elementos de atención. Uno de estos elementos se basa en composiciones musicales realizadas con distintos instrumentos. Pido a mis alumnos que presten atención a los diferentes instrumentos, a las notas musicales, a las reacciones de su cuerpo y a las emociones que se producen en su interior al escuchar la música.

Otro elemento muy positivo de atención plena que logra el objetivo de esta meditación y consigue expandir nuestra aura, es la meditación con tambores chamánicos. Cuanto más logres fijar tu atención en el sonido del tambor, mejor será tu meditación. Y si perdieses la atención, o tuvieras algún pensamiento o interiorización, el proceso es el que se aprende en Mindfulness: centra tu atención en la respiración, siente tu cuerpo y vuelve a escuchar el sonido del tambor.

Ejercicio

Te invito a que escojas una música relajante, adoptes la posición horizontal y hagas el ejercicio de respiración, concentrando la atención en tu cuerpo y en la música. Siempre que tu atención se desvíe, vuelve a fijarla en tu respiración y en la música. También puedes optar por una música a base de tambores chamánicos, para familiarizarte con este sonido y sentir la influencia que puede tener sobre ti. Pero lo importante es concentrarse en el momento presente.

Mindfulness y sus beneficios

Mindfulness es una disciplina muy sencilla, que dispone de unos instrumentos que ayudan a desarrollar las capacidades inherentes al ser humano. Es preciso que despertemos estas capacidades que hay en nosotros para poder disfrutar, todavía más, de nuestro potencial. Y aunque los instrumentos sean los mismos, y todos sirvan para desarrollar una atención plena, sin juicios y con capacidad de observación y aceptación, cada persona canalizará a su manera la fuerza que descubra en su interior y que le será útil en su servicio a la humanidad.

Al vivir la vida con atención y en estado de alerta, tus acciones se harán más juiciosas y adquirirás más claridad y discernimiento en tus experiencias. Por lo general, cuando dejamos sueltos los pensamientos, acabamos identificándonos con nuestros patrones mentales, y los tomamos por reales. Muchas veces esta actuación culmina nublando la verdadera naturaleza de la realidad. Este movimiento es muy frecuente, por lo que la práctica de Mindfulness ha de ser constante. Los ejercicios formales entrenan el cerebro para poder utilizarlo adecuadamente en los momentos informales, es decir, en aquellos instantes en donde reside el estrés cotidiano.

El ejercicio consiste en entrenar la mente para traer, de forma sistemática, la atención al momento presente sin establecer juicios mentales, pues, de lo contrario, caerás de nuevo en las creaciones ilusorias de la mente, en los pensamientos no realistas. Y aunque seas una persona realizada, habrás de pasar en tu vida por momentos de estrés y sufrimiento. Al modificar tu forma de ver las experiencias, sufrirás menos, tendrás menor estrés y podrás desarrollar todavía más tu conciencia, al disponer de esa mayor claridad que se presenta cuando silenciamos la mente. De este modo observamos todos los momentos de nuestra vida como oportunidades de crecimiento personal, cumpliendo el objetivo primordial de nuestra existencia: la evolución espiritual.

Ten en cuenta que, a cada instante, posees una energía que está siempre disponible, y que eres el que ha de escoger la manera de utilizarla. Puedes emplearla de manera constructiva, depositándola acertadamente en tus acciones para construir algo positivo, estudiando o aportando algún tipo de conocimiento; o, por el contrario, puedes desperdiciar esa energía personal, empleándola en acciones destructivas o en pensamientos dispersos que vagan del pasado al futuro.

Los pensamientos son como el agua que riega una planta. En ocasiones las personas se enredan en pensamientos que constituyen verdaderas prisiones. Y puesto que estamos respirando y pensando continuamente en nuestra vida, hemos de vigilar siempre nuestra mente. El ejercicio constante aporta respuestas rápidas; la transformación personal constituye siempre un proceso que se va desarrollando a lo largo de la vida. Al centrarte en este ejercicio, lograrás que tu vida tenga un mayor valor, sea más plena y se llene de momentos realmente vivos. La práctica de Mindfulness aporta alegría a la vida, además de libertad, al proporcionar una opción de ver con claridad la realidad, y facilitar un espacio para los pensamientos y las emociones, aunque sean negativos, ya que trabaja con la aceptación, y no con el rechazo. Trabaja acogiendo las imperfecciones humanas. Con ella tendremos:

- Evolución personal en el plano espiritual, mental y emocional, y en las acciones que manifestamos
- Expansión de la conciencia
- Conocimiento de nuestra mente y de nuestros condicionamientos mentales
- Conocimiento de nuestros bloqueos emocionales, que podremos tratar con Ho'oponopono y Reiki para purificarlos
- Claridad y discernimiento de pensamientos y emociones
- Actuar de manera más práctica y eficiente, depositando el máximo de nuestra energía en las actividades diarias, y reduciendo nuestros errores
- Aporta acogimiento
- Aporta alegría y libertad
- Desarrolla la capacidad de atención
- Se aprende a no juzgar

- Aporta aceptación de cada momento y de cada experiencia
- Aumenta la capacidad de observación
- Aumenta la productividad
- Elimina las ilusiones
- Disminuye el sufrimiento, la tristeza y la depresión
- Mejora la calidad de las vivencias
- Promueve acciones constructivas
- Valora cada experiencia vital, desde un simple chocolate hasta la paz interior y exterior
- Mejora las relaciones

Ejercicio

¿Qué fue lo que sentiste en tu interior como más desarrollado y perfeccionado a partir del contacto con Mindfulness?

....

....

....

....

....

....

....

....

....

Ejercicio

Completa las líneas de puntos con algunos principios básicos de Mindfulness que tengan sentido para ti:

Acoger	....	Ser paciente
....	No apegarse	....
Vivir plenamente el presente	....	Confiar
....	Dejar ir	....
Tener mente de principiante	....	Aceptar
....	No juzgar	....
Estar	....	Ser
Aceptar	....	Estar agradecido a

Reiki

El Reiki es un método de equilibrio, reposición y desbloqueo energético que se hace posible mediante la canalización de la energía realizada por una persona que ha sido correctamente iniciada por un Maestro, y que puede aplicarse a uno mismo o a otra persona, principalmente mediante la imposición de manos.

Rei es la energía cósmica universal, la energía divina, el «Todo» de Dios. *Ki* es la energía vital, la que todos tenemos para poder sobrevivir, y que forma parte de nuestro campo magnético.

Cuando un practicante de reiki quiere hacer una aplicación y se conecta para hacerla, la energía *Rei* desciende en espiral y penetra en su chakra coronario, unificándose con su energía *Ki.* Esto hace que la energía se densifique en el nivel del campo vibratorio humano, haciendo posible que sea recibida por otra persona. Así pues, la unión de la energía *Rei* con la energía *Ki,* forma una tercera energía: la energía *Reiki.*

La energía Reiki se propaga a la velocidad de la luz (300.000 km/s) y por ello puede programarse para un acontecimiento pasado o futuro y/o enviada a distancia. La velocidad de la luz pertenece a la cuarta dimensión, es decir, a la dimensión espacio-tiempo, en la cual no existe espacio ni tiempo, dimensiones tenidas como «relativas».

¿Y qué significa eso exactamente? Inicialmente vamos a entender la Teoría de la Relatividad, de Albert Einstein. Einstein comprendió que si dos objetos que marchan en direcciones opuestas colisionan, el impacto correspondía a la suma de las dos velocidades; y en el caso de que colisionasen en la misma dirección, el impacto correspondía a la resta de ambas velocidades, una de otra. Estudiando la velocidad, se cuestionó la velocidad de la luz; e investigó para comprobar en donde cambiaba de lugar su foco, descubriendo que independientemente de donde se encontrase ese foco, al unirse a la luz, la iluminación era prácticamente instantánea.

Einstein no logró encontrar explicación alguna para tal misterio, y se limitó sencillamente a aceptar como verdad que la velocidad de la luz era la más rápida existente. A partir de esta aceptación logró establecer la famosa «Teoría de la Relatividad», en la cual $E = m \cdot c^2$ (E = energía; m = masa; c = velocidad) conocida mundialmente, y en la cual se demuestra que la materia y la materia pueden convertirse una en otra.

Podemos decir que esta multiplicación sería equivalente a muchas partículas de energía condensada; es decir, el momento en que sus electrones perderían velocidad y uniéndose, unos a otros, formarían la materia. Ahora bien, cuando tenemos un núcleo, con electrones que giran a su alrededor, los electrones que se encuentran en el nivel exterior necesitan girar más rápidamente que aquellos que se encuentran en el nivel interior, para conseguir mantenerse en la órbita de aquel mismo núcleo. Tomando este ejemplo, y viéndolo de manera maximizada, podríamos compararlo al planeta Tierra en relación con los seres que la habitan. El planeta sería el núcleo, gigante en comparación con un átomo, que posee mayor magnetismo (actuando la fuerza gravitatoria), y los seres humanos que se encuentran sobre él, y la atmósfera, por ejemplo, serían los electrones.

Si pensamos que cuanto más lejos se encuentre del núcleo, más rápido necesita girar un objeto para acompañar a ese núcleo, ¿cómo sería, por ejemplo, para un ser humano que se encontrase dentro de un avión, o de un cohete que viaja por el espacio a una velocidad relativa? Creo que para los seres que se encuentran dentro de una aeronave el tiempo es diferente del de aquellos que se encuentran cerca del centro magnético, en este caso de la Tierra. El tiempo en los estratos superiores de la atmósfera pasaría más rápido; como si un viaje de media hora equivaliese a muchos años, para quienes estuviesen en la Tierra.

La comprensión de la aplicación práctica de la Teoría de la Relatividad nos hace comprender mejor el funcionamiento de la energía Reiki, que actúa instantáneamente, incluso cuando se envía a distancia. Nos muestra que esta energía trabaja a una velocidad muy superior a aquella a la que estamos acostumbrados, a pesar de que nos hayamos adaptado a la velocidad de rotación de la Tierra que es de 60.000 km/h.

La técnica Reiki está considerada como una terapia «holística», término procedente del radical griego *holos,* que significa «total». Así pues, se trata de una terapia que trabaja al ser como un todo, es decir, su cuerpo físico, emocional, mental y espiritual. De este modo, podemos aplicar Reiki cuando sentimos dolor en el cuerpo físico, como es el caso de los cólicos femeninos. También podemos tratar una depresión, que se encuentra en el cuerpo emocional; o bien, tratar el cuerpo mental, serenando la mente y los pensamientos de alguien que se encuentra en un estado de extrema agitación o ansiedad. Finalmente, también podemos tratar el cuerpo espiritual, alimentado por las prácticas de conexión con lo divino. Estos son tanto pequeños como grandes ejemplos de lo que podemos conseguir con la práctica de esta poderosa técnica.

Otro punto a destacar es el hecho de que la energía es neutra y somos nosotros la que la polarizamos. Si tenemos pensamientos positivos y agradables, tendremos también un aura más equilibrada, con bellas tonalidades y de la que emanan energías positivas; mientras que si cultivamos pensamientos negativos como, por ejemplo, la ira, nos polucionaremos con esta vibración a través de la energía negativa que emite, presentando un aura sin equilibrio y con tonalidades muy poco favorables.

El Reiki es una energía que procede de Dios y, por consiguiente, solamente puede hacer el bien. Es una energía de puro amor y curación; de modo que cuando un practicante de reiki recibe la energía *Rei* de Dios, esa energía pasa por el chakra cardíaco del terapeuta y llega a las manos, desde donde se canaliza hacia el cliente.

Todos los seres humanos poseemos energías masculinas y femeninas, yang y yin, respectivamente. Si la persona tiene un déficit de energía *yin*, el Reiki puede actuar proporcionando más *yin*; del mismo modo que si necesita energía *yang*, el Reiki proporcionará energía masculina *yang*, equilibrándola energéticamente. Debido a este hecho se considera al Reiki como una técnica sin polaridad, una energía de puro amor y, por consiguiente, una técnica segura.

El Reiki y la actividad física

Como educadora física formada por la UNICAMP (Campinas-São Paulo, Brasil) en 2010, se podrían asociar al Reiki algunas percepciones y analogías de mis estudios. Cuando una persona ha practicado una actividad física, siente un notable bienestar unido, al mismo tiempo, a un cierto agotamiento, que se debe a la liberación de las hormonas que proporcionan placer (serotonina y dopamina). Acordándome de que el cuerpo físico es materia, y de que toda materia posee su campo magnético y se convierte en energía, y viceversa, pude tratar la actividad física del modo diferente que ahora explico.

Los electrones de los átomos que componen la materia de un determinado ser humano, tras la práctica de un ejercicio físico, giran de forma más rápida; así pues, cuanto más rápido gire un electrón, mayor será la distancia entre él y su núcleo. Tras realizar una actividad física, entre mediana e intensa, se produce una expansión áurica una vez que el conjunto de átomos, con sus electrones, estén girando más rápidamente y con un mayor diámetro. Según mi criterio, una vez que el electrón de componente negativo se aparta del protón de componente positivo, se crea un espacio favorable para la recepción de las energías luminosas. Establezco, de este modo, una comparación con lo que sucede en una lámpara, en la que cuanto mayor sea la resistencia entre el polo negativo y el positivo, más luz produce.

Se sabe también que la glándula pineal, la única glándula formada durante la fase embrionaria del ser, dejó de ser un órgano hasta entonces sin funciones, para convertirse, conjuntamente con la glándula pituitaria, en la encargada de la producción de nueve hormonas, entre las cuales se encuentran las responsables de la menstruación, la digestión y la eyaculación.

La glándula pineal se encuentra vinculada al tiempo, y es la responsable de los ciclos circadianos que establecen diariamente el balance metabólico de nuestro organismo. Sabiendo que el «tiempo» forma parte de la cuarta dimensión —la dimensión que es superior a nuestro plano físico—, la glándula pineal recibe el nombre de *glándula de la mediumnidad*, según Chico Xavier (Misioneros de la Luz).

¿Qué tiene que ver todo esto con la expansión de la conciencia? La glándula pineal contiene en su interior cristales de apatita, como ha comprobado el doctor Sergio Felipe de Oliveira, médico neurólogo, investigador y profesor de la USP (Universidad de São Paulo). Sabemos que los cristales son formas de luz en la materia más pura que existe, y que contienen muchos electrones capaces de percibir los campos magnéticos. De este modo los citados cristales pueden percibir uno al otro, y también entre sí, respondiendo a los estímulos energéticos de la expansión de campo causada por la actividad física, y desencadenando de este modo la producción de las hormonas.

Aunque sabemos que esta producción depende, entre otros factores, de una buena alimentación, quisiera apuntar en estas líneas una forma de expandir tu aura, lo que se consigue mediante la práctica de ejercicios físicos, práctica que resulta antidepresiva y placentera. La sensación de placer que experimenta una persona tras llevar a cabo una actividad física se debe a la expansión áurica que se produce en aquel momento en que tenemos la sensación de sentirnos más expandidos. Es como una sensación de conciencia expandida.

Si estás conduciendo un vehículo y estuviste a punto de chocar con otro, te llevas un susto y actúas automáticamente para frenar, o para encauzar debidamente tu dirección. En este momento tu conciencia se retrae, hasta el punto de que no logras pensar claramente cuál será la mejor solución u opción para ese momento. Actúas más por instinto que de forma racional. En esos instantes tenemos la sensación de que se ha retraído la conciencia. Del mismo modo que, al contrario, tenemos la sensación de conciencia expandida cuando profundizamos en la comprensión de un determinado asunto.

Por consiguiente, la actividad física proporciona la expansión de su campo, y ayuda también energéticamente al proceso de expansión de conciencia. Además de eso, tras la práctica de una actividad física, el cuerpo se encontrará en un momento mucho más favorable para recibir la energía Reiki, y a realizar una meditación de Ho'oponopono o de Mindfulness. Esto sucede porque te encuentras físicamente más receptivo a las energías de luz, una vez que los electrones se apartaron del centro positivo, y fisiológicamente la glándula pineal, que establece el puente con la cuarta dimensión, también se encuentra más receptiva pues ya fue estimulada por el campo magnético, al activar sus funciones neuroquímicas.

El Reiki y la conexión directa con la Fuente

Cuando una persona es iniciada en Reiki, pasa a tener automáticamente más energía al encontrarse conectada directamente con la fuente divina, presentando una expansión de su aura. Esto beneficia en plenitud a todos los cuerpos: físico, emocional, mental y espiritual

Pude comprobar cómo muchos alumnos que inicié recuperaron su equilibrio energético. Trabajaban mucho, y aunque habían adelgazado y estaban cansados, habían logrado realizar su trabajo e, incluso, producir todavía más. Eso es debido a que, gracias a la energía Reiki, la persona se encuentra más dispuesta, presenta menos cansancio físico y mental y consigue aumentar su rendimiento personal. Una adecuada alimentación, al igual que otros buenos hábitos, puede contribuir en gran medida a la obtención de esos resultados, ya que todo ellos se encuentra ligado a la producción de hormonas y al correcto funcionamiento del cuerpo. Todo se encuentra interconectado y por eso hablamos de diferentes factores en este nuevo abordaje.

Con la expansión áurica se produce también una ampliación de la conciencia; en consecuencia, la persona se vuelve más sensible, sus percepciones se agudizan y se produce una mayor aceptación y una comprensión mejor del hecho que acontece. Todo ello es parte del estadio de evolución de cada persona.

Como ya hemos dicho, el Reiki es un método en el que se utiliza la energía para curar o, simplemente, para mantener una buena salud en todos los aspectos. El Reiki no es una religión, ni está vinculado a ninguna de ellas. El mismo Mikao Usui, que era cristiano y profesor de teología, estudió sutras en sánscrito y budismo; todo ello en su búsqueda para descubrir una técnica de curación, tal como hacía Jesús. De igual modo, mis estudios de kardecismo, budismo y catolicismo me proporcionaron una serie de conocimientos que siempre procuré interconectarlos. La religión no pierde su importancia al enseñar a las personas su filosofía de vida. A través de la oración con fe cualquier ser humano puede entrar en contacto con Dios, la Fuente Divina.

La energía no pertenece a los reikianos, sino que pertenece a todos y a Dios. Los reikianos solamente poseen un conocimiento de cómo trabajar (la conexión y la manipulación son importantes) con esta energía de Dios; y tras haber sido iniciados, la dirigen para lograr la curación.

Reiki y el lema de «Amar al prójimo como a ti mismo, y tratarse uno mismo antes de tratar al prójimo»

Como ya hemos dicho, cuando una persona aplica Reiki, recibe la energía *Rei*. Por ello cabe afirmar también que parte de esa energía se queda en el terapeuta de Reiki, de modo que logra terminar una sesión con más energía que la que tenía cuando comenzó. Al ser así, este método no desgasta al terapeuta, sino que lo beneficia energéticamente; cuanto más utilice la energía Reiki, más fuerte se volverá energéticamente.

Como todo terapeuta de Reiki puede aplicarse a sí mismo esa energía, es capaz de cuidar de sí mismo, ya sea por medio de reponer su propia energía, manteniéndola en una alta frecuencia, liberando toxinas o, incluso, trabajando bloqueos energéticos. El autotratamiento es muy importante para mantener el equilibrio en el propio terapeuta reikiano, especialmente cuando tiene que atender a otras personas.

Es esencial cuidar de uno mismo para estar preparado a fin de poder cuidar a otro. Además de ello, esta práctica de curar al prójimo produce también en el terapeuta un desarrollo personal, espiritual y una elevación de conciencia a lo largo de su jornada de trabajo terapéutico. Es preciso que toda la energía que el terapeuta trasmita a su cliente, ya sea, o no, amigo o conocido, la asuma en sí mismo para poder actuar de acuerdo con sus palabras.

Cuando un terapeuta de Reiki atiende a una persona, o a un animal, no le cabe a él el papel de diagnosticar el desequilibrio, pese a que al terminar una sesión sabe cuáles son los chakras que se encontraban más desequilibrados; y al conocer el papel de cada chakra sabe también las necesidades de cada punto, de acuerdo con su flujo. En estos casos, y de acuerdo con la situación en que se encuentre el receptor, es necesario que aquello que pueda decir el terapeuta tenga una buena base, y se fundamente en estudios y experiencias efectivas y claras, además de tener en cuenta la ayuda prestada por los maestros de Luz que asisten a las sesiones. Mi experiencia me permite sentir hoy la acción de mis maestros, y también la de los maestros de las personas que están siendo asistidas, o la de aquellas que asisten a los cursos. Por ello siempre suelo pedir permiso a los maestros de mis alumnos, o clientes, para que se pueda realizar adecuadamente el trabajo, solicitando, al mismo tiempo, la ayuda que aporte la curación y la bendición a la persona.

Al ser el Reiki una energía de origen divino, nunca queda anticuado, mostrándose determinante en su práctica desde el descubrimiento de su papel en la curación física, emocional, mental y espiritual de las personas, hasta la actualidad. No se trata de algo parecido a un computar moderno, que queda obsoleto en menos de dos años. El Reiki se muestra cada vez más adecuado a la era en que vivimos, en la cual nos encontramos pasando por un periodo de transición de un mundo de provocación a un mundo de regeneración. En este contexto muchas personas todavía necesitan espiritualizarse y conectarse con la Fuente, aproximándose a su esencia y caminando de forma más armónica en este plano vital.

Reikianos: tenemos mucho trabajo por delante; ya sea iniciando a otras personas, ya sea aplicando esta energía para curarlas; o sencillamente para despertar la necesidad de buscar algo en este sentido, aceptando el primer contacto con esta energía para llegar, posteriormente, a la iniciación.

El Reiki puede aplicarse a cualquier ser vivo. Los animales y plantas también se benefician de esta energía, dado que todos los seres vivos forman parte de la luz de Dios. Es una técnica fácil para aplicarla a los animales; y, si se trata de animales bravos o inquietos, puede aplicarse la energía a distancia. Incluso se pueden limpiar objetos con la energía Reiki, pues en su campo magnético pueden quedar —y quedan— impregnadas energías que son, en ocasiones, nocivas para nosotros.

Es importante reseñar que el Reiki posee un potencial inagotable que ya ha ayudado mucho. Existen historias fantásticas de curaciones, no obstante cabe señalar que eso no disminuye la importancia de la medicina tradicional, esencial en algunos casos; principalmente si hablamos de dolencias en estado avanzado, en las que ya se ve afectado el cuerpo físico. En estos casos el Reiki debe utilizarse como una medicina integral que coopera con la medicina tradicional. Aquí estará ayudando de la misma manera en todos los cuerpos, dando apoyo emocional y aportando vitalidad a la persona enferma.

Reiki, plantas y ambiente

La primera vez que apliqué Reiki en un ser vivo que no fuera yo, fue a los ocho años de edad, en una flor de una especie de cuyo nombre ahora no me acuerdo. Constituyó una experiencia determinante en mi vida como practicante del Reiki, ya que el resultado logrado fue muy claro e impresionante.

Vivíamos en un confortable apartamento, en Poços de Caldas, en el cual mis padres daban fiestas sociales con cierta frecuencia, y en donde recibíamos a muchas personas. Constituíamos una hermosa familia, bien estructurada y de éxito. En poco tiempo, al descuidar la energía del hogar, empezaron a surgir desavenencias entre mis padres y atravesamos un momento difícil. Creo que fue el peor momento de mi vida, porque mis padres estaban decididos a separarse.

Mi padre, intentando suavizar la situación, le compró una flor a mi madre; pero en pocos días la planta se marchitó casi por completo, probablemente porque notó la negatividad que, en aquella ocasión, estaba reinando en mi casa. Cuando me di cuenta y observé el estado en que se encontraba la planta, me quedé muy triste y asustada, pues todavía desconocía la capacidad que tienen las plantas para absorber y verse influenciadas por las energías, ya que todavía era muy niña. Mientras tanto tuve la idea de energizar la flor con mis manos, ya que me han dicho durante mi reciente iniciación al Reiki que yo podía curar a través de la imposición de manos. Eso era todo cuanto sabía.

En esa época mi padre todavía no era practicante de Reiki, y creo que esta experiencia pudo afectarle de forma significativa, pues además del hecho de que había apreciado mejorías en mí y en mi hermana después de la iniciación, fue la única persona que estuvo presente antes, durante y después de la aplicación. Para mi sorpresa y alegría, en cosa de una hora, la planta, que estaba muy débil, se recuperó totalmente y duró aún algún tiempo.

Tuve otras experiencias con plantas y Reiki, sobre todo en aquellas ocasiones en que veía que alguna planta mustia o débil pedía ser tocada solicitando atención. De hecho, atendiendo a estas llamadas, con cinco minutos de aplicaciones de energía Reiki, las plantas presentaban una notable mejoría y vitalidad.

Ahora bien, ¿por qué aquella planta que mi padre regaló a mi madre se marchitó al cabo de un día?

Las plantas poseen la capacidad de absorber la negatividad del ambiente. Por más que sea triste ver morir una planta, esa fue una forma que nos dio Dios para protegernos, manteniendo nuestra conexión con la Naturaleza. La estructura molecular de la planta es más sensible que la de los seres humanos, y debido a eso la planta actúa como un pararrayos, recibiendo el primer impacto de las vibraciones negativas.

Algunas plantas, además de absorber la negatividad, tienen la capacidad de trasmutar la energía negativa en positiva como, por ejemplo, la ruda, la espada de San Jorge y la guinea.

Esta diferenciación existente entre las plantas se produce porque ellas presentan diferentes niveles de sensibilidad y resistencia a las energías nocivas al ambiente y a los seres vivos. Cada planta tiene una capacidad máxima de absorción de la negatividad; y cuando una planta se seca y muere es porque llegó al límite de esa capacidad, indicando con su muerte la negatividad del ambiente.

Ruda

Espada de San Jorge

Guinea

Se sabe que el *Prana* de los hindúes, energía vital que nos alimenta y que nos proporciona salud, equivalente del *Mana* de los polinesios, del *Qui* de los chinos, o del *Ki* de los japoneses, es condensado por las plantas, las cuales absorben solamente la cantidad que necesitan y emanan la cantidad restante al ambiente. Por eso siempre es conveniente que tengamos plantas en el interior de la casa, en el jardín y también en el lugar en donde trabajamos, para que de esta forma podamos vitalizar constantemente el ambiente en que nos movemos; y proteger, e incluso curar, a las personas que tenemos en nuestro entorno al ser las plantas capaces de absorber la negatividad. Y por ser ricas en prana, principalmente aquellas que poseen una alta capacidad de absorción y transmutación, están consecuentemente indicadas en sahumerios, sirviendo de poderosa fuente de limpieza de ambientes.

El mantenimiento de la limpieza energética de los ambientes que solemos frecuentar, principalmente nuestra propia casa, es muy importante; y resulta fácil apreciar cuando están presentes desequilibrios o negatividades, pues el lugar se torna pesado, creando inquietud en las personas que en él se encuentran, dejándolas inquietas, incómodas y hasta, en muchas ocasiones, generando desavenencias entre quienes están presentes.

Podemos trabajar de una forma directa la limpieza y regeneración del ambiente con aplicaciones de Reiki. Precisamente por ello vale la pena relatar brevemente aquí un episodio que me sucedió.

Me encontraba dirigiendo una clase de Reiki Nivel 1 en la ciudad de Campinas, São Paulo. Y al ser uno de mis primeros cursos como Maestra de Reiki todavía utilizaba una sala en la casa de la zona residencial en la que vivía mi madre. Para publicitar el curso había colocado por entonces carteles en todos los bloques de apartamentos, y también en las residencias cercanas.

Cierto día en que me encontraba con mis tres alumnos en el curso, muy interesados todos en las explicaciones que se estaban impartiendo, sonó el interfono y la portera me informó de que había una señora que quería hablar conmigo y que decía que quería conocerme. Reflexioné un momento, y pensando que podría tratarse de alguien que quería hacer el curso, pero que tenía alguna duda al respecto, pensé que podría hacer un descanso de diez minutos para atenderla. Así pues, se autorizó a esta visitante a que entrase en la zona residencial y me esperase cerca de la piscina hasta que yo pudiera atenderla. Fue una ingenuidad por mi parte, al pensar siempre en primer lugar que las personas tienen buenas intenciones (la vida nos demuestra que necesitamos estar vigilantes en todo momento, pues, como dice Jesús: «Orad y vigilad»).

La mujer visitante, una mujer de aproximadamente sesenta y cinco años con ropa de color claro, entró directamente en la sala en donde nos encontrábamos dando la clase, y con tono invasivo dijo: «¿Estoy molestando? ¿Les interrumpo?».

Me levanté rápidamente, fui a su encuentro, y colocándome entre ella y mis alumnos le indiqué desde donde estaba la zona de la piscina y le dije que me diera unos minutos para atenderla, porque en aquel momento estábamos concentrados en un importante momento de la clase. Pero con su interrupción ella ya nos había alterado. Los minutos siguientes ya no nos volvimos a encontrar con la misma energía y disposición que antes, tanto mis alumnos como yo.

Cuando finalmente me acerqué a la zona de la piscina para poder atenderla, me quedé sorprendida por su forma agresiva de mirar, incluso irónica, y por la frase que me dirigió: «Yo soy también maestra de Reiki y solamente quería conocerla». A pesar de que por entonces yo ya llevaba diecisiete años desde que fuera iniciada en Reiki, y que durante todo ese tiempo había estado estudiando y practicando esta técnica con mi padre, ella me hizo una serie de preguntas poniendo en duda mis conocimientos en la materia; finalmente, me entregó su tarjeta de visita. Traté de mantenerme templada y tranquila. Pero había quedado bien claro su deseo de desestabilizar y desequilibrar no solo a mí, sino también el ambiente y la buena sintonía de mi curso. Hablé seriamente con ella, porque ella sabía muy bien lo que estaba haciendo.

De regreso a la clase, los tres alumnos empezaron a quejarse de dolores de cabeza, y pude apreciar que el ambiente se encontraba muy cargado. En estas situaciones conflictivas lo primero que hay que hacer, como dice el Maestro Johnny De' Carli, es: «¡Mantener la calma! Manteniendo la calma, la mitad del problema ya está resuelto». La segunda cosa que tenía que hacer era limpiar el ambiente; y aunque el mismo ya se había limpiado y energizado antes de iniciar la clase, necesitaba de nuevo otra limpieza.

Pero, como estábamos en medio de la clase, no era posible hacer un sahumerio. Decidí, entonces, poner un vídeo a los alumnos, como parte del contenido del curso; y en cuanto los vi totalmente inmersos en las imágenes tracé los símbolos DaiKooMyo, HonShaZeSho Nem, Sei HeKi y Choku Rei, e imaginándome que los símbolos vibraban sobre nuestra sala, y visualizando una bola dorada que nos envolvía a todos, pronuncié el nombre de cada uno tres veces. Pedí para que estuviésemos protegidos de cualquier pensamiento o corriente negativa; rogando al mismo tiempo la limpieza del ambiente y también que nuestros maestros de Luz allí presentes nos concediesen la mejor disposición para que la clase continuara normalmente, así como para que los alumnos quedasen protegidos.

Pues bien, nada más terminar el vídeo todos los alumnos se encontraban animados con las informaciones que habían visualizado. De nuevo se sentían bien y sin el menor dolor de cabeza. A partir de ese momento todo transcurrió de forma tranquila y con éxito, hasta el final del curso.

Reiki y las direcciones magnéticas

Los pensamientos que habían sido emitidos por esta señora influenciaron en el ambiente. ¿Y cómo podemos explicar eso? En el libro *Mano de luz*, de Bárbara Ann Brennan, se menciona una teoría física llamada «Teoría de la complementaridad» en la cual se dice que partícula y onda se complementan y no se anulan, pues todas las partículas se encuentran interligadas, formando ondas. Por consiguiente, si todo está interligado y posee un campo magnético, también nosotros estamos inmersos en un espacio energético.

De la misma forma que trazamos una dirección para el envío de Reiki a distancia, también lo trazamos al pensar en una persona y sentir alguna emoción. Asimismo, en el libro la autora muestra las auras de personas que están viviendo emociones específicas. Cuando, por ejemplo, una persona envía a otra un pensamiento de ira, la autora muestra cómo esa energía toma realmente el rumbo hacia su destinatario.

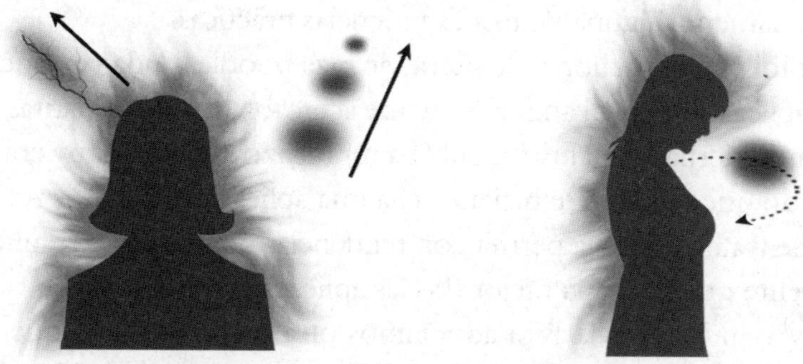

Ira del ser expresada. Ira interiorizada.

Demostración de la ira al ser interiorizada y emitida hacia otros (FUENTE: *Manos de luz*).

Es importante resaltar los efectos que nos puede ocasionar la energía que se desarrolla con la ira. Para eso observemos en la figura de Bárbara la emoción de la ira al ser interiorizada o enviada. Aunque la ira sea enviada a otra persona, se manifestará en el aura del remitente.

La glándula pineal identificará esta energía y la llevará a las glándulas suprarrenales para que liberen adrenalina, que llegará a todas las células corporales de la persona. Del mismo modo, los pensamientos se verán influenciados afectando a sus emociones, y terminando por actuar sobre el cuerpo físico.

Reiki y los animales

Como ya dijimos anteriormente, los animales también pueden recibir las aplicaciones de Reiki; con ellas se beneficiarán de la misma forma que en el caso de los humanos. En este sentido menciono seguidamente alguna de mis experiencias prácticas.

Bibi era un cachorro de perra, de raza poodle. Cada vez que yo me aplicaba Reiki, el animalito se me acercaba, ponía sus patitas sobre mis piernas o incluso se subía a mi regazo como si estuviera pidiendo que también le hiciera a ella una aplicación.

Se trataba de una perrita con tendencias depresivas; y resultaba evidente que se sentía mejor tras las aplicaciones de Reiki.

Viviendo todavía Bibi adoptamos otra cachorrita, a la que llamamos Luna. Luna no pedía Reiki, pero la iniciamos en el Nivel 1. Cabe señalar que hasta que fue iniciada, arañaba y destruía las puertas cuando se sentía atemorizada por el ruido de lluvias muy intensas o por el estampido de cohetes.

El animal todavía sigue viviendo esos miedos, pero son menos intensos manteniéndose más tranquila durante esos episodios. Actitudes tales como bostezos y respiraciones muy exageradas, en aquellos momentos en que se sentía muy asustada por los cambios climáticos, se fueron haciendo cada vez menos frecuentes.

Se sabe que los perros tienen los siete chakras principales iguales a los de los humanos, y un octavo que se localiza encima de los hombros, llamado chakra braquial o chakra llave. Se considera este chakra como el principal centro de energía de los animales, el que interactúa entre animales y humanos (una intensa interactuación entre el animal y su dueño hace vibrar este chakra), además de constituir el canal de acceso y energización de los demás chakras. Los «bud chakras» (seis chakras en botón) se localizan en las patas y en la base de las orejas de los animales; están conectados con la energía de la Tierra, haciéndose extremadamente sensibles a las vibraciones energéticas. Basándonos en este hecho podemos entender mejor el comportamiento de la perrita Luna ante los acontecimientos de tempestades anteriormente citados.

Los animales, al percibir un foco de energía positiva, se tienden sobre el suelo absorbiendo esa energía a través de los chakras raíz y solar. Estos chakras, el solar y también el coronario, se encuentran abiertos desde el nacimiento del animal, y permanecen así hasta su muerte. Por otro lado, los demás chakras dependen de estímulos. Es por ese motivo que algunos animales tienden a frotarse con las personas o con las paredes.

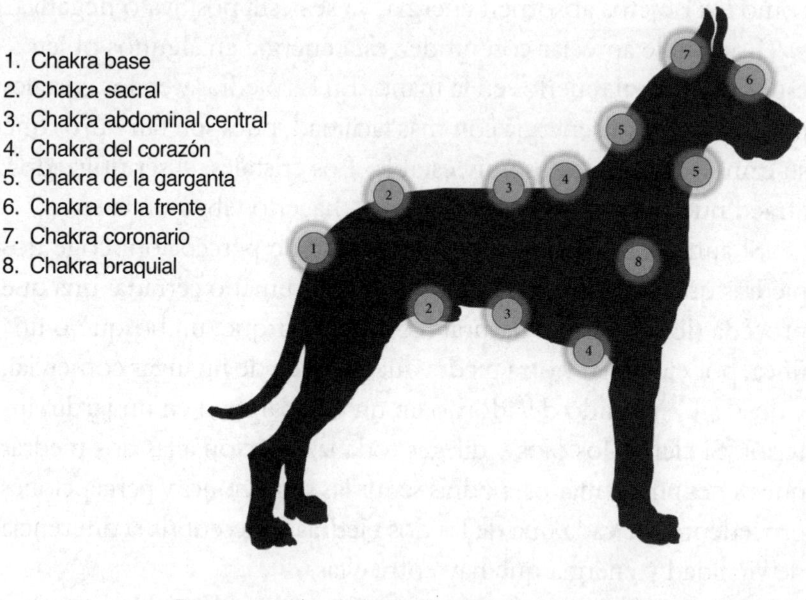

Demostración de los chakras en los animales
(FUENTE: http://passarinhosnotelhado.blogspot.com, 20/1/2013).

Reiki, objetos y alimentos

Recordando la Teoría de la Relatividad diremos que todo es energía; la materia es energía condensada, en donde los electrones pierden velocidad y los núcleos se unen. Así pues, los objetos poseen su propio campo magnético y, como dice mi padre, Johnny De' Carli, «como si fuese la luz de una vela», que algunas personas pueden descubrir. Barbara Brennan describe con detalle esta capacidad, que ella misma tiene, y sobre la cual habla con mucha claridad.

Gracias a mis estudios y a la dedicación práctica que presté al tema, fui desarrollando y ampliando esta capacidad de descubrir el campo magnético, inclusive el de los objetos. Al ser cosas materiales y, por consiguiente, poseer campos magnéticos, tanto las personas como los objetos absorben energía, ya sea esta positiva o negativa.

Es posible apreciar con nitidez esta energía en algunos objetos, especialmente al tenerlos en la mano. En las piedras y en los cristales podemos sentir la energía con más facilidad, pues son tan duros que su campo magnético es muy estable. Los cristales, al ser utilizados, atraen nuestro campo magnético para hacerlo vibrar en el suyo.

Si aún no has tenido esta experiencia de percepción, coge dos piedras que puedan caber en la palma de tu mano cerrada: una que proceda de un espacio natural (como un parque, un bosque o una finca, por ejemplo) y otra piedra que proceda de un lugar comercial, y que esté sirviendo de adorno en un escaparate o en un jardín interior. Si cierras los ojos y diriges toda la atención a las dos piedras que tienes en tus manos, podrás sentir las sensaciones y percepciones procedentes de cada una de las dos piedras, y descubrir la diferencia de vitalidad y energía que hay entre ellas.

Durante los siete meses de curso de maestría de Reiki que realicé con mi padre aprendí las veintiuna técnicas japonesas de Reiki (técnicas que se encuentran publicadas en el libro *Reiki. Sistema tradicional japonés*, de Johnny De' Carli). Una de estas técnicas, la «Jaki-Kiri-Jhoka-Ho», se utiliza para limpiar las «malas energías» existentes, pues corta las ondas negativas que se encuentran fijadas desde tiempo atrás, y armoniza y purifica los objetos.

Cuando asistí por primera vez a esta clase, tanto otros muchos alumnos como yo usábamos gafas graduadas; las mías estaban «más torcidas que el manillar de una bicicleta antigua». Para mi sorpresa, una vez que concluí la práctica, las gafas estaban casi perfectas; y no solamente las mías, sino también las del resto de los compañeros que también las usaban; sintiendo todos una sensación de ligereza cuando nos las volvimos a poner. Fue algo verdaderamente increíble; hasta el punto de que tardé más de dos años en comprar nuevas gafas.

Del mismo modo que los objetos se impregnan de negatividad, también se energizan con positividad. Es por ello que está indicada la aplicación de Reiki no solamente para la limpieza de objetos, sino también para energizarlos. Haz esto con frecuencia, por ejemplo, en los cristales que utilizas para tus ejercicios.

Algo que merece la pena resaltar es que los objetos hechos de forma artesanal tienden a poseer buena energía, pues al artesano le gusta lo que hace, le dedica el tiempo necesario y pone su amor en la confección de sus piezas.

Tengo esta percepción porque, hace tiempo, creé una serie de marcadores personalizados para libros. Lo hacía porque me gustaba tener un nuevo *hobby*, y también para «depositar» mi energía en la elaboración de algo que me produjese placer. No tuve maestros para esa práctica, y fui descubriendo poco a poco todo cuanto necesitaba, y perfeccionando la técnica con el paso del tiempo.

Durante el proceso de aprendizaje y desarrollo de esta técnica pude sentir, en muchas ocasiones, la presencia de mentores que me ayudaban durante la confección de los marcadores e, incluso, en la compra del material que necesitaba y a encontrar las escondidas tiendas en las que podía hallarlo.

Al principio, creaba los marcadores y los regalaba a todas mis amigas y familiares; pero al cabo de algún tiempo empezaron a acumularse. Teniendo en cuenta el aumento de producción, decidí empezar a venderlos para poder hacer más. En esto también muchos alumnos de mi padre empezaron a comprar estos marcadores durante los cursos que él daba.

De lo que me di cuenta claramente fue de que cuando, previamente, aplicaba Reiki en estos marcadores de páginas, las ventas se incrementaban rápidamente.

De igual modo que los objetos descritos anteriormente, también sabemos que los alimentos recogen energía, tanto positiva como negativa, pero de una manera mucho más fácil, ya que han sido preparados por manos humanas.

Marcadores de páginas que creé.

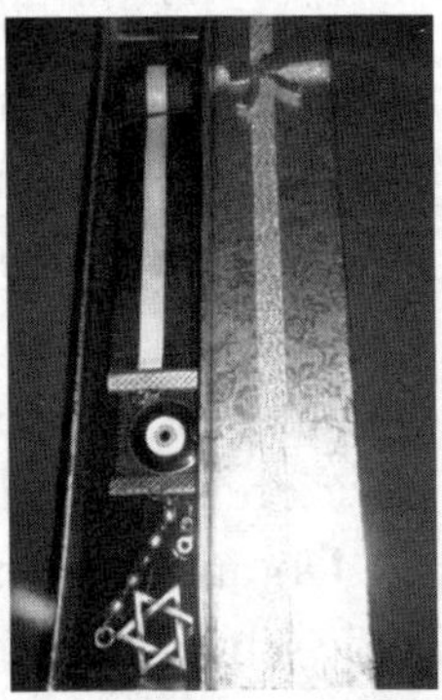

Asimismo, sabemos que la energía de nuestro cuerpo se proyecta principalmente a través de los ojos, de la boca y de las manos, cuando cocinamos, miramos y elaboramos los alimentos. Me sucedió en una ocasión que al comer un plato muy atractivo de un restaurante autoservicio, sentí inmediatamente que la comida no estaba «cayendo bien» en mi estómago. Entonces decidí aplicar energía Reiki en ella y sentí cómo se vitalizaba, lo que permitió comerla sin tener ningún tipo de molestia.

Con dedicación y práctica también es posible sentir fácilmente la energía de los alimentos. Se hace muy clara la vitalidad de los vegetales poco procesados en relación, por ejemplo, con aquellos alimentos que se cocinan y se condimentan con productos industriales. Cuanto mayor sea la cantidad de Reiki que apliques tanto en ti mismo como en otras personas, animales o plantas, más podrás desarrollar tu capacidad para percibir los campos magnéticos. No crees expectativas, cuando menos lo esperes te darás cuenta de que ya has desarrollado una nueva capacidad. Algunas personas ya nacen con ella, pero son una minoría. La disposición puede ser innata, pero la capacidad se va desarrollando. Todos nosotros somos seres divinos y podemos desarrollar esta clase de sensibilidad a través de las manos e, incluso, de nuestro propio cuerpo. Es necesario querer y practicar.

Las técnicas asociadas al Ho'oponopono, Mindfulness y Reiki

Ho'oponopono (principios kahunas) y Mindfulness

Los kahunas fueron chamanes hawaianos que comprendían el secreto de la existencia terrena, y tenías poderes alineados con las fuerzas de la Naturaleza.n Tenían como algo natural y como filosofía de vida la práctica de Ho'oponopono. Existen algunos principios de esta milenaria sabiduría tribal que fueron recuperados principalmente a través de los estudios hechos sobre la lengua hawaiana y la de los polinesios

La técnica Mindfulness está totalmente de acuerdo con los principios kahunas, base del Ho'oponopono, tema que explico en el libro *Ho'oponopono universal. Una luz en la vida*, publicado por esta editorial.

Seguidamente vamos a explicar los Principios Kahunas para la visión de Mindfulness.

1.er Principio
El mundo es lo que tú piensas que ÉL es (IKE)

Este principio muestra que nuestra cultura, el medio cultural en el que estamos integrados, nuestros recuerdos, traumas, aprendizajes y creencias se comportan como preconceptos que acabamos por admitir como nuestra verdad. Esta verdad es mutable, pues al menos una vez en el transcurso de la vida cambiamos de opinión sobre algo. Y cuando cambias un concepto, también estás cambiando tu posición en el mundo. En ocasiones asumes una verdad con todas tus fuerzas, y un buen día esa verdad deja de ser tal. Los cambios de opinión se dan principalmente a partir del momento en que nos hacemos conscientes de una realidad que anteriormente desconocíamos, o, incluso, debido a que nuestra capacidad de percepción se encontraba nublada. Tampoco estamos siempre capacitados para comprender algo. La percepción nublada se produce principalmente cuando no se aquieta el cuerpo mental para lograr una mejor comprensión. Cuando queremos imponer nuestra opinión a cualquier precio, o no queremos aceptar la ajena, estaremos viviendo la imposición del ego. Cuando quiero imponer mi propia verdad, sin la aceptación de todo el contexto que se presenta. Eso es lo que consideras que es tu realidad.

La técnica Mindfulness tiene la premisa de no juzgar, de no analizar, de no criticar ni contextualizar, sino simplemente aceptar los hechos como se presentan. Con ella centramos nuestra atención en la respiración, lo que nos llevará a nuestro centro de fuerza alineándonos con él, y apartando la mente de aquellas supuestas realidades que no siempre son verdaderas. De esta manera permitimos SER, ESTAR, y no hacemos creaciones a partir de nuestros pensamientos. El punto de vista de cada uno, de acuerdo con la fenomenología, es apenas la visión de un punto. Digamos que el otro punto tiene otra visión, que pasó por otras experiencias; e, incluso, un mismo punto puede ser visto desde diferentes ángulos, y presentar distintas facetas.

Pensando en este concepto fenomenológico de la cuestión del punto de vista, podemos imaginar cuánto nos confundimos al analizar los hechos a partir de nuestra propia verdad, sin que, en la mayoría de los casos, sepamos o comprendamos la verdad del otro. No sabemos cómo es el otro, solamente podemos tener la certeza de lo que somos nosotros mismos. Así pues, la probabilidad de cometer una equivocación es muy grande. Pensemos cuántos malentendidos y problemas de relación acaban por producirse de esta manera.

Nos confundimos con la propia verdad. Muchas veces no tenemos la visión de nosotros mismos, incluso con una conciencia expandida. En ciertos momentos, al estar inmersos en las situaciones que se conjugan con emociones y pensamientos asociados a tal o cual experiencia, tenemos dificultad de discernir. Si tenemos necesidad de un tiempo para la propia comprensión de nosotros mismos, a veces años o incluso toda una vida, imaginemos cuánto podemos equivocarnos al querer contextualizar al otro.

Lo mejor es aceptar los hechos tal como se presentan. De esta forma no entras en conflicto con lo que no puedes cambiar. Entrar en conflicto acaba por dar más fuerza al problema. Es por ello que Ho'oponopono puede enriquecer mucho la práctica de Mindfulness. Tú entrenas tu mente para vivir el momento presente, para desarrollar tu atención plena cuando percibes que te encuentras en un diálogo interno insistente, o en cualquier problema de relación. Si de hecho te das cuenta de que necesitas resolver algo, ha llegado la hora de repetir el mantra de Ho'oponopono y/o practicar la técnica de reducción del Reiki.

En *Mindfulness la aceptación es esencial.* En *Ho'oponopono es esencial el perdón.* Y en ambas técnicas es fundamental la confianza. La aceptación y el perdón tienen muchas afinidades, pues el perdón no deja de ser una aceptación, y viceversa. En Mindfulness nos centramos en el momento presente, en los hechos, y conducimos nuestra atención hacia nuestro centro de fuerza, y esperamos que surja de forma natural la acción correcta. Iniciando las acciones con Ho'oponopono siempre te encontrarás en el buen camino. Uniendo Ho' oponopono y Mindfulness te concentras para recibir los *insights* de lo que se debe hacer. Y el mundo será lo que se te presenta; y estarás actuando con sabiduría ante los hechos, evitando cualquier tipo de creación mental desequilibrada.

2.º Principio
No hay límites (KALA)

Vivimos en una red en la cual existen muchos pormenores. En primer lugar, somos una conciencia que se manifiesta física, emocional, mental y espiritualmente. Nos encontramos conectados a nuestro medio social a través de conexiones energéticas y, principalmente, estamos unidos a nuestros ancestros. La ligazón con nuestros antepasados es como una raíz aquí en la Tierra, en donde las historias se encuentran marcadas en nuestras células, por lo que cavamos por repetir los patrones de nuestros antepasados en nosotros mismos. Esto puede implicar mucho sufrimiento; y es común que las personas se pregunten por qué le suceden ciertos acontecimientos en su vida. Si en ocasiones te encuentras más pesado de lo que te gustaría estar, o no logras encontrar una explicación para algo, la posibilidad de que se trate de un recuerdo de otras vidas, y no solamente de tus vidas, es prácticamente de un cien por cien.

De nada sirve que nos quedemos presos de nuestros sufrimientos. Al mismo tiempo tampoco se adelanta nada fingiendo que no existen. Tú percibes las emociones y los pensamientos y los aceptas trayendo tu foco de atención al Ahora. Porque el Ahora es tu momento de poder; y en esta vida en la que estás teniendo la oportunidad de purificar tus patrones sistémicos, en la que todo está interconectado, no existen límites. Así que tú puedes acceder a los recuerdos pasados, que acaban por hacerse presentes. Estos son los patrones de tu sistema. Si te remontases a siete generaciones, eso incluiría a seis mil personas interligadas o interrelacionadas, que comparten recuerdos y repiten patrones. Hoy, en la Era de la información, estamos teniendo la oportunidad de purificarnos nosotros mismos y, consecuentemente, purificar a todos los que se encuentran ligados a estos recuerdos. De este modo, vamos a elevar aún más la conciencia, purificándola e integrándola en un Todo más evolucionado, en un nuevo momento del planeta.

En el Ho'oponopono no siempre somos conscientes de la causa, incluso, a pesar de ello, él consigue limpiar y aportar levedad. Y al conseguir traer a la conciencia algún aspecto, hasta entonces inconsciente, ayuda en el proceso de limpieza. Cuando se accede a las historias personales, empieza a producirse el cambio. Tú puedes empezar utilizando Ho'oponopono en aquellos asuntos que trastocan tu vida, y él te irá mostrando el camino a seguir, trayéndole las personas adecuadas. Y solamente tú serás capaz de vivir Mindfulness, atento, consciente y confiado.

3.er Principio
La energía sigue el flujo del pensamiento (MAKIA)

«Puesto que todo es energía, incluso nuestros pensamientos, si nos focalizamos en uno de ellos el flujo energético se sincronizará con él, y nuestra atención seguirá ese flujo energético. Nuestro foco se encuentra en donde está nuestro pensamiento y la energía simultáneamente. Dado que no se puede separar la energía del pensamiento, pues el pensamiento es energía y él es el foco, estaremos depositando nuestra energía vital en él formando el flujo de energía, y caminando de esta forma los dos juntos». (Texto extraído del libro *Ho'oponopono universal*).

En Mindfulness, por más que la respiración constituya uno de los principales objetos de la práctica, que siempre te llevará al momento presente, tú podrás hacer este acceso a través del foco de tu mente durante la inspiración y la espiración, y con el movimiento de tu abdomen. De este modo consigues atraer la energía vital de tu pensamiento a través de la respiración, fortaleciendo una energización, ya sea en ti mismo o en otra persona. Tanto es así, que el foco y la respiración se utilizan en Reiki para aumentar el flujo energético. En el caso de que tu mente cambie de foco, pasarás a la forma automática de respirar.

Cuando invitamos a nuestra atención hacia la respiración y hacia el movimiento abdominal, de hecho estamos trayendo energía a nuestro plexo solar, a nuestro centro de fuerza. Llevar la atención a tu centro de fuerza te fortalecerá en aquellas situaciones que se te presenten, incluso en los desafíos.

Por consiguiente, o bien tu atención procede del foco de tu mente o sigues un flujo energético existente que se convertirá en tu foco. Ese flujo energético puede acoger tu atención, puesto que vivimos en un campo en donde todo se encuentra conectado, y en donde existen diferentes mentes funcionando y creando al mismo tiempo.

Siendo conscientes de todo esto, y si lo que debemos hacer en primer lugar es desarrollar nuestra propia evolución, tiene sentido depositar nuestra energía y atención en nuestra propia vida. De este modo estaremos cargando de energía y desarrollo a la propia vida en sus diferentes áreas, en el plano del bienestar, de la salud, de la familia y del mundo profesional y social. Tú utilizas la energía que tienes disponible a través de tus acciones y pensamientos. De este modo podemos percibir cuán importante es la focalización y la dirección del pensamiento para que las cosas sucedan. Y lo mismo en relación con las técnicas de Mindfulness y Ho'oponopono.

4.º Principio
Su momento de poder es ahora (MANAWA)

El ayer ya pasó y quedó para la historia. Si dejó marcas y dolor, puedes trabajar estas cargas con Ho'oponopono y Reiki para transmutarlas. Pero con el objeto de desapegarse de ellas, de dejarlas ir, aceptando el pasado, perdonándote a ti mismo y al otro, a fin de encontrar ligereza y libertad en la vida. El mañana es un misterio. Tú te programas y en la práctica casi siempre las cosas salen un poco diferentes a lo que imaginaste o, por lo menos, con un poco más de autenticidad. ¿Y el ahora?

El ahora es el momento en el que tú puedes experimentarlo todo. Es en el ahora en donde puedes sentir el ambiente que te rodea, tocar las cosas y las personas, escuchar una música, preparar una comida, escribir un texto, pintar un cuadro, trabajar, limpiar o comprar una entrada para un espectáculo y esperar a que llegue la hora de que comience. Todo sucede en el ahora. Al mismo tiempo que es tan rápido, y ya pasó, el ahora está presente en todo momento y siempre con una nueva oportunidad de hacer algo.

Lo que piensas determina tus emociones, de momento a momento. Como el pensamiento se encuentra en la cuarta dimensión, igual que la luz que recorre 300.000 km/s, en su dimensión espacial, el pensamiento viaja en el tiempo pudiendo acceder a recuerdos pasados. Así pues, a través de él tú también puedes recordar sucesos agradables o desagradables. Pero en cuanto haces eso te desconectas del momento presente, el único momento en el que puedes construir realmente algo, a partir de la energía de que dispones a cada momento y en el ahora. Si te quedas pensando en el pasado o en el futuro, tu energía reforzará recuerdos y te aportará angustias y ansiedades. Es preciso pensar en el pasado y en el futuro con sabiduría.

Pensar en el pasado tiene algunas funciones positivas como limpiar, valorar y revivir buenos momentos, inundando tu cuerpo con positivas emociones de alegría. Al pensar en el futuro planeas y diriges tus acciones en el ahora. Si huyes de eso, puedes estar perdiendo tiempo y energía. Aunque accedas a otros tiempos, vuelves siempre al ahora.

Lo que encuentras viviendo en el presente es todo lo que necesitas en ese momento. Mindfulness consiste en vivir una experiencia sin desear que sea diferente. De este modo aceptas cada experiencia, comprendiendo más plenamente que ella está formando parte de su vida. Si se tratara de una emoción, acéptela y procura entender su mensaje; y trae nuevamente tu atención al momento presente.

La respiración te trae a tu centro de fuerza y al ahora; por tanto, Mindfulness te trae a tu centro de fuerza. Cuando te encuentras en tu centro se alinea y permanece en su momento de poder, el cuarto Principio del Ho'oponopono. El ahora es el instante en el que puedes utilizar la energía vital que se encuentra presente para transformar y construir. Eso fue, precisamente, lo que me llevó a hacer trabajos artesanales a mis veintidós años, la misma edad en que fui iniciada como Maestra de Reiki. Yo quería ver cómo mi energía transformaba literalmente la materia; quería crear algo, depositar mi energía en algo que pudiese ver y tocar.

5.º Principio
Amar y compartir (ALOHA)

La palabra *Aloha* posee más de un significado, desde un saludo de llegada o de despedida a un sentimiento de compasión. *Aloha* quiere decir mucho más que eso; es una filosofía de vida, es decir, un estado de espíritu que emana amor, compasión, energía vital para todo y para todos, una energía dirigida por medio de la palabra.

Cuando se dice *Aloha*, es como si se estuviese bendiciendo a alguien o a algo. Es como si se emanase energía de amor; por eso se usa como un ejercicio de purificación. Tú puedes decir *Aloha* a una sala o una silla, para purificar el ambiente o el objeto. O bien, decírselo a alguien con la intención de solucionar un problema.

El amor es un estado del espíritu; y cuando la persona tiene amor dentro de sí, puede dárselo a otra. Por el contrario, cuando la persona está carente de amor, tal vez por no haberlo recibido, tiene dificultad en amar. Muchas veces resulta difícil aceptar esta carencia, ya que puede estar causada porque los padres de esa persona no supieron amar y, por tanto, aunque demostraran haberse comportado de la mejor manera, no supieron en los momentos clave de la formación del hijo, o de la hija, alimentarlos con amor. Este déficit es más común de lo que parece. A través de los mapas de numerología cabalística compruebo que una de las lecciones que más del noventa por ciento de las personas viene a aprender a este mundo es a amar.

Con la práctica de Mindfulness no crearás aquel diálogo interno que genera emociones negativas, angustias y falsas verdades. Al analizar, juzgar y valorar, lo diferente se presenta como distante y se crean separaciones; esto trae el distanciamiento y el caos, pues tú no te ves en unión con el otro. La Unidad es Amor. Cuando juzgamos, el espacio de separación aumenta y el amor disminuye. Si tú analizas, te apoyas en experiencias pasadas que no siempre van a encajar bien en el contexto actual, o que se basan en creencias, reglas y leyes. Además de que no abren el espacio adecuado para comprender al otro. *Aloha* es la aceptación de las diferencias. Es aceptar al otro tal como se presenta, y compartir con él lo que necesite en este momento, siempre que sea con la energía del amor. Tal vez lo que el otro necesita no es lo que tú crees que está necesitando.

Como ya dije, la aceptación es algo esencial en Mindfulness. Una vez más esta técnica se encuentra alineada con Ho'oponopono.

6.º Principio
Todo el poder procede del interior (MANA)

Partiendo del hecho de que tú posees un pensamiento bien orientado y consciente, y comprendiendo que es una energía de la que dispones en el presente, piensa en tus metas, visualízalás con el propósito de alimentar esta realidad en tu vida, y orienta tus acciones actuales en esa dirección.

Cuando tú tienes una intención real, estás creando vibraciones en el campo cuántico. Cuanto más desees orientar tus acciones de una manera consistente en el presente, mayor posibilidad tendrás de éxito. Alimenta tus sueños con el deseo que une tu pensamiento y tu emoción, y con la determinación que construyes a través de la acción. De este modo irás energetizando y cocreando tu vida. El poder radica en ti, y debes apoderarte de él. Los pensamientos son como el agua que riega una semilla y hace crecer la planta. El poder procede de tu interior, y si tú aprendes a trabajar con eso lograrás inundar el campo cuántico a tu favor. Ten pensamientos sabios y escoge siempre un camino de amor.

7.º Principio
La eficacia es la medida de la verdad (PONO)

En la práctica de Mindfulness tú puedes percibir rápidamente su efecto. Y si te muestras eficaz, será una verdad que podrá ser utilizada por todos. Actualmente estoy presentando una manera de utilizar esta práctica, conjuntamente con otras técnicas eficaces, como Ho'oponopono y Reiki.

En determinados asuntos tal vez necesites de diferentes herramientas. Podemos aplicar todo el concepto de *Mindful* de conciencia plena y mente presente. Y, si identificamos emociones y pensamientos dolorosos, hacemos el proceso Mindfulness de aceptación sin juicio; tratamos de entender lo que se nos ha presentado, y seguidamente podemos aplicar Reiki y Ho'oponopono. Tenemos la opción de no identificarnos con estas emociones y pensamientos. La cuestión de la que aquí se trata es que existen lazos con los antepasados, o con vidas pasadas, que constituyen verdaderos nudos energéticos que actualmente están influenciando en nuestra vida. Debido a ello, estoy a favor de la utilización de Mindfulness conjuntamente con otras técnicas, a fin de que estos lazos puedan deshacerse, y que cada vez tú puedas avanzar en Mindfulness, de manera más leve y plena. Entonces, el contacto con el pasado sería solo para fines funcionales, para lograr la evolución y no quedar preso en él. Y continuar siempre nuestro entrenamiento de auto regulación de la atención para lo que tú puedas estar viviendo en el momento presente. Te invito ahora a experimentar Mindfulness a fin de percibir su eficacia instantánea.

Ejercicio

- Acuéstate en un lugar tranquilo en donde no puedas ser molestado.
- Entra en contacto con tu cuerpo, sintiendo cada una de tus partes, de la cabeza a los pies.
- Percibe el peso de tu cuerpo sobre la superficie en la que te encuentras acostado, y las sensaciones de ese contacto. Tras sentir tu cuerpo, lleva tu atención a la respiración. Los pensamientos pueden aparecer, acéptalos y no te apegues a ellos; déjalos que pasen como si fueran nubes.
- Vuelve a fijar tu atención en la respiración. Advierte que el concentrarla en el abdomen es más fácil que en la cabeza, en donde la mente querrá establecer pensamientos; siéntete tú mismo.

OBJETIVO DE ESTE EJERCICIO: Tras haberte relajado, advierte la eficacia de Mindfulness al llevar la atención y la respiración al abdomen, o cuando se vuelve hacia la mente. Cuanto más la lleves al abdomen, más éxito alcanzarás en tu práctica *Mindful*.

Ejercicio

- Dibuja una persona practicando Ho'oponopono y cómo sería el contacto de la energía, el bloqueo energético o el pensamiento con el universo, manteniendo la mente en un estado de Atención Plena durante la tarea del dibujo.
- Déjate llevar por tu intuición y por ese momento. Si lo deseas puedes utilizar lápices de color.

Ho'oponopono y Reiki

CUANDO INTENTAMOS BUSCAR NUESTRO PROPIO YO, ya sea estudiando cualquier religión o técnica para desarrollar el autoconocimiento y/o para trabajar nuestro equilibrio interior, si entramos en contacto con más de un tema, ya sea una religión o una técnica, nos daremos cuenta de que existen diferentes formas de explicar la misma cosa. El trabajo interior y la búsqueda del Yo lleva al mismo lugar, en resumen, al autoconocimiento, a la expansión de la conciencia, a la paz y al amor, tanto interior como exterior, además de otras concreciones. Existen nominaciones diferentes para las mismas energías, diferentes procesos con el mismo objetivo. Y este abanico de opciones de búsqueda del camino es importante, pues cada persona se identifica en su búsqueda con una manera. Determinada. De este modo la persona puede escoger distintos caminos, llevando a cabo su propio conocimiento.

En mi caso me inicié en Reiki a los ocho años, y me formé como maestra de Reiki a los veintidós; pero antes de los ocho años ya me habían llevado a centros espirituales de diferentes categorías. Estudié el Evangelio en casa, frecuenté encuentros de budismo del linaje Nitiren Daisshonin, grupos de meditación y fui iniciada en chamanismo, el cual volví a practicar intensamente tras el inicio de mi relación con mi marido. Me sumergí en el estudio y la práctica de ho'oponopono, cábala, mindfulness y otras disciplinas, además de mostrar una gran pasión por el tarot, los cristales, los ángeles y la numerología cabalística, principalmente en su forma terapéutica. Siendo así, no pude dejar de percibir las repetidas veces que me encontraba estudiando una determinada disciplina que establecía relación con otra. Incluso traté sobre un tema de esta índole en mi libro *Ho'oponopono universal*, al hablar sobre nuestra energía vital y la energía de Dios. Obviamente, establezco conexiones entre Reiki y Ho'oponopono, dos temas fuertes en mi vida.

Muchos profesionales de Reiki llegan a utilizar Ho'oponopono, tanto en aplicaciones propias como en otras personas, y acaban percibiendo hasta qué punto Ho'oponopono potencia el flujo energético de Reiki, además de ayudar en el fortalecimiento de la intención y en el foco de ayuda. Todo ello intensifica los resultados de la curación.

Comencé a enseñar Ho'oponopono en los cursos de nivel 3-A de Reiki. En el linaje que sigo de Reiki, el sistema tradicional japonés, Osho-NeoReiki y Tibetano, dividimos el nivel 3 en dos módulos para que aquellas personas que no tienen interés en iniciar a nuevos reikianos puedan recibir un símbolo poderoso ligado al cuerpo espiritual. Por tanto, el nivel 3-A es el nivel en el que la persona se realiza como reikiana, y recibe el símbolo Dai KooMyo (pronunciado daicomió); y el nivel 3-B, en el que el estudiante recibe los símbolos necesarios para iniciar a otras personas en Reiki, y se prepara para ser un Maestro de Reiki, profundizando en técnicas y estudios.

Ahora bien, ¿por qué enseño Ho'oponopono en el nivel 3-A y no lo hago en el nivel 2? Pues porque la relación que existe entre Ho'oponopono y Reiki es notablemente más fuerte en el nivel 3-A.

En primer lugar, observa el diagrama del cristal de la Armonía para poder situarte en el texto. Mira en él las mentes inconsciente, consciente y superconsciente unidas a la Fuente Divina.

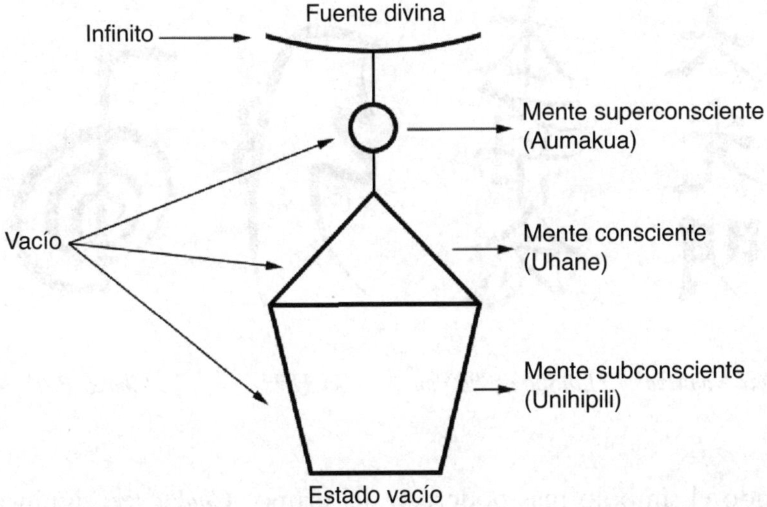

Tres Yoes en el estado de vacuidad

Ahora, para ti que no eres reikiano, he colocado en la página siguiente los cuatro símbolos y una explicación de los mismos, a fin de que te familiarices con los símbolos de Reiki y puedas comprender la fuerte conexión que estableceré entre las dos técnicas.

1. El *Choku Rei* es el primer símbolo que enseñamos en Reiki, y, a pesar de que parece sencillo, es fundamental para la aplicación de la energía y para la protección del reikiano. Es el símbolo que más utilizamos, dadas todas sus funciones; una de las cuales es su vinculación con los otros símbolos, que explicaré más adelante. Es un símbolo independiente, que no depende de otro para su funcionamiento. Es un amplificador y activador de energía, constitu-

Dai KooMyo *HonShaZeShoNen* *Sei Heki* *Choku Rei*

yendo el símbolo más poderoso del grupo. *Choku Rei* significa «Energía Cósmica Universal, aquí y ahora», y tiene la connotación de «interruptor de Luz», pues nos conecta directamente a la Energía Primordial Cósmica, trayendo la energía de otros planos dimensionales al mundo físico. Choku Rei es el primer paso a lo largo del camino, y es el aprendizaje inicial. Además de unirnos a la Fuente, establece la conexión con la Tierra y con el magnetismo del planeta, estando relacionado con el elemento tierra. Este símbolo actúa equilibrando nuestro primer cuerpo, el cuerpo físico y el duplo etérico.

2. *Sei HeKi* es el símbolo que se refiere al cuerpo emocional, y actúa atrayendo las emociones negativas. Cuando se suma a Choku Rei actúa transmutando las emociones inferiores, armonizándolas. «Cuando utilizamos el Sei HeKi, concentramos la energía en el cuerpo emocional que, en la mayoría de los casos, es la llave del éxito de la recuperación. Este hecho se debe a que el símbolo Sei HeKi nos vincula al magnetismo de la luna y al elemento agua». El elemento agua está unido al chakra umbilical que es el referente de

las emociones. Es sabido que el noventa por ciento de las enfermedades tiene un origen psicosomático, y que emociones como la culpa, el miedo, la inseguridad, la ira, el odio, el llanto, la soledad, la pena, las frustraciones, la depresión y las crisis nerviosas son extremadamente perjudiciales para la salud, puesto que pueden causar diferentes enfermedades en el ser humano. Este símbolo armoniza las emociones, diluyendo los patrones negativos relacionados con cualquier conflicto sensorial, ya esté producido por emociones o por recuerdos; nuestros recuerdos.

3. *HonShaZeShoNen* es el tercer símbolo que se refiere al cuerpo mental, a nuestra mente consciente. Este símbolo está ligado a la energía del sol y al elemento fuego, que emiten una luz que se propaga a 300.000 km/s. Cuando la energía entra en la vibración de HonShaZeShoNen y del cuerpo mental —es decir, del pensamiento—, se puede propagar como la luz. Tanto la luz como el sonido se encuentran en la cuarta dimensión, y de acuerdo con Albert Einstein, carecen de tiempo y de espacio lineal; así pues, este símbolo va más allá de nuestra comprensión lógica, ya que puede ser utilizado para enviar energía a distancia, independientemente de donde se encuentren tanto el practicante como el receptor. Este símbolo nos ayuda a aplicar energía a los animales y niños agitados, pues podemos enviarles esa energía a distancia, sin necesidad de tocarlos directamente.

4. *Dai KooMyo* es un símbolo maestro que potencia a todos los demás símbolos que se reciben en el Nivel 2 de Reiki. Aumenta mucho el flujo energético que canalizamos a través del chakra coronario y que aplicamos, principalmente, mediante la imposición de manos. Al Dai KooMyo se le puede llamar Maestro de los símbolos, o símbolo de la Realización. Este símbolo significa «aumento de poder», y también puede traducirse como «llevándonos de regreso a Dios»,

o como «Dios (Gran Ser del universo) brille sobre mí, y sea mi amigo». Es un símbolo esencial en todas las iniciaciones para lograr que podamos unirnos a la divinidad, y para que nuestras manos se encuentren unidas a las manos de Dios. Y que de esta forma podamos actuar con la ayuda divina sobre otras personas. Este símbolo se halla unido a nuestro cuerpo espiritual, a nuestro espíritu, a nuestra alma; y por eso puede utilizarse para nuestra protección personal, ya que lo revestimos etéricamente. Incluso resulta esencial para la protección espiritual durante los tratamientos de curación, tanto del terapeuta como de su lugar de trabajo, pues el practicante se encontrará conectado con su «Yo superior», y con las manifestaciones del cliente durante la sesión.

Voy a transcribir seguidamente una explicación del Dai KooMyo que escribió mi padre, el Maestro de Reiki Johnny De' Carli, en su comentario a la clase, para que tú puedas percibir todavía de forma más completa el punto al que quiero llegar:

> El Dai KooMyo es el símbolo del tratamiento y rescate del alma (cuerpo espiritual) para lograr su liberación de los ciclos de las reencarnaciones, como reza el budismo. Hace que la sesión se torne mucho más poderosa, y a punto de sanar el mal que se encuentra en la fuente superior, en la Causa Primera. Realiza transformaciones profundas en el receptor. Hemos llegado a presenciar verdaderos milagros durante y después de las sesiones de Reiki. A mi juicio es una de las energías terapéuticas más potentes de que disponemos en el planeta Tierra, y sin duda alguna, una de las más positivas. Nuestro cuerpo espiritual posee una sabiduría que sobrepasa con mucho al intelecto medio. Este cuerpo retiene todo el conocimiento, desde el inicio de su creación, y lleva la sabiduría infinita de la Divinidad. El Dai KooMyo va directo a la energía fuente, uniendo a la persona receptora con esa energía. Aporta una

sabiduría ilimitada, por medio de la manifestación de la Divinidad sobre el plano físico. Su utilización permite una conexión inmediata entre el «yo físico (finito) y el «Yo superior» (infinito). Por consiguiente, su utilización resulta indispensable durante los rituales de sintonización de los nuevos reikianos. Nos pone en contacto con energías de alta frecuencia, acelerando las partículas energéticas de nuestro cuerpo y del campo vibratorio, limpiando de inmediato todos los canales sutiles que sirven de conducción de la energía Reiki.

Tras agradecer a mi padre esta hermosa explicación, y aprovechando todas estas informaciones, vamos a entender ahora de manera más fácil las conexiones existentes entre Reiki y Ho'oponopono.

Mediante la visualización de la figura que aparece más abajo, podrás comprender mejor la relación entre estas dos técnicas.

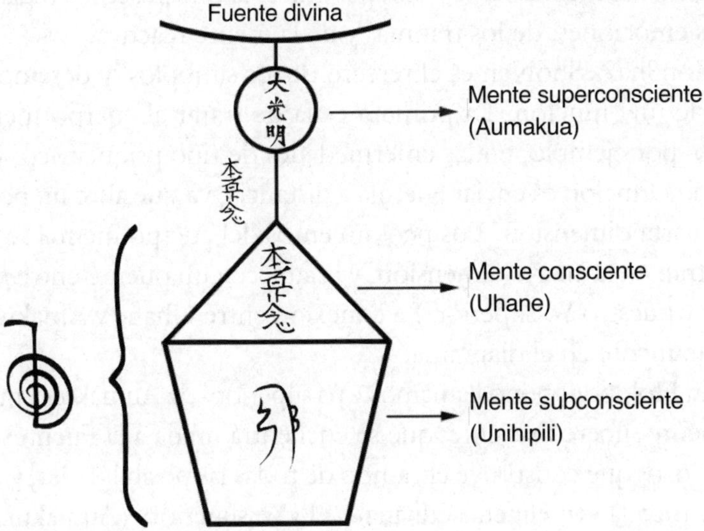

Choku Rei es el primero de los símbolos que estudiamos en Reiki y es muy importante, porque se utiliza para activar el flujo energético, movilizar las energías y transmutar y proteger tanto al practicante como a los ambientes. A fin de trabajar con mayor profundidad se utiliza sumado a otros símbolos, ya que, si se utiliza solo, se refiere exclusivamente al cuerpo físico. Tanto es así que su protección se ciñe al cuerpo físico del practicante y al ambiente, ambos de una forma energética. Así pues, coloco al Choku Rei como referente de la mente consciente y subconsciente del ser humano. A pesar de que la conciencia se encuentra fuera del cuerpo, estas dos mentes se encuentran muy unidas a nuestro cuerpo físico, pero no apresadas en él. Cuando decides practicar Ho'oponopono, tu mente consciente Uhane comenzará el proceso, y de este modo podrás preparar tu cuerpo físico para una respiración y/o meditación.

Sei HeKi es el segundo de los símbolos. Se refiere al cuerpo emocional y a los aspectos inconscientes; por tanto, está relacionado con la mente inconsciente Unihipili que es la que posee los registros de las emociones, de los traumas y de la mente reactiva.

HonShaZeShoNen es el tercero de los símbolos, y desempeña más de una función. La primera es la de tratar al cuerpo mental como, por ejemplo, en las enfermedades de tipo psiquiátrico; y su segunda función es enviar energía a distancia, ya que abre un portal a la cuarta dimensión. Los pensamientos del cuerpo mental se encuentran en la cuarta dimensión, y establecen un puente entre nosotros y nuestro Yo superior. La conexión entre Uhane y Amakua se ve claramente en el diagrama.

En Ho'oponopono llamamos «Yo superior» de Aumakua a nuestra mente superconsciente, que se encuentra unida a la Fuente, a la Divinidad, que constituye el campo de todas las posibilidades, y que posee toda la «Inteligencia divina». El «Yo superior» (Aumakua, en

Ho'oponopono) contiene todas las informaciones de la Creación; y también las informaciones particulares de cada ser humano. El «Yo superior» entiende la creación, así como también posee toda la memoria y el registro de la vida, a lo largo de las encarnaciones. También se encuentra unido a los «Yoes» superiores de los otros seres humanos, de los familiares, amigos, conocidos, del mismo modo que tú también lo estás. Aumakua no se encuentra en la misma dimensión que nuestro «Yo» cotidiano (Uhane y Unihipili), por lo que se halla conectado directamente con la Fuente, obteniendo también información del pasado y del futuro, ya que el tiempo es algo que pertenece a la tercera dimensión en que vivimos.

¿Logra establecer algún parecido en estas explicaciones? Veamos. El Dai KooMyo del Reiki tiene acceso al cuerpo vibratorio espiritual, a nuestra alma que es el Aumakua del Ho'oponopono, el «Yo superior». En la explicación de Johnny De' Carli vemos que nuestro cuerpo espiritual (Aumakua) posee una sabiduría que sobrepasa el intelecto medio, llamado Uhane en Ho'oponopono, debido a que el cuerpo espiritual, o Aumakua, se encuentra directamente unido a la Fuente, y aporta toda su sabiduría. Debido a esta conexión, un practicante de Reiki que acceda al «Yo» superior, o Aumakua, consigue aumentar en gran medida su flujo energético incrementando, así mismo, su poder.

Esta energía se hace tan potente que puede llegar a realizar milagros, cuando se accede a estas dimensiones. *Milagro* es un término ya conocido del Ho'oponopono, a partir del relato del doctor Hew Len sobre la curación de los internos del ala psiquiátrica de un hospital donde él trabajó. Hay relatos de curaciones de enfermedades dermatológicas, de inflamaciones y otras muchas dolencias, en personas que practicaron Ho'oponopono. Una información que podemos extraer del texto de Johnny De' Carli es relacionar con el

Ho'oponopono el yo físico (finito) con el yo superior (infinito), lo que se muestra en la unión de Uhane (mente consciente) y Unihipili (mente inconsciente) con Aumakua (Yo superior).

Veamos de nuevo la siguiente figura para aclarar esta comprensión:

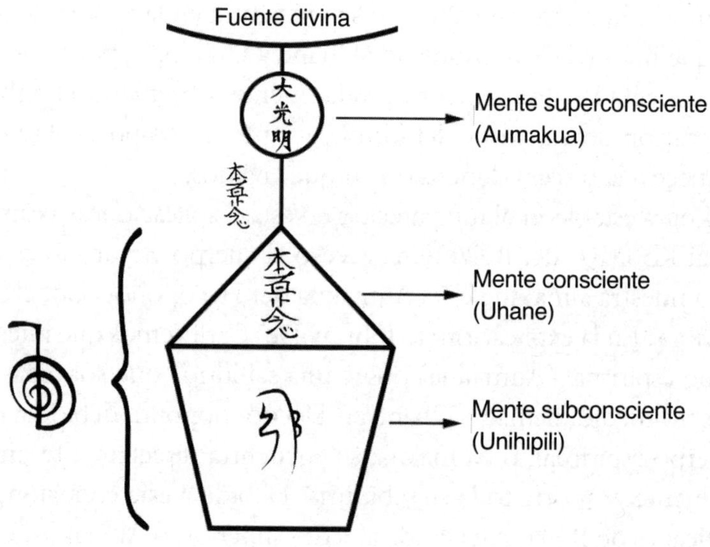

Reiki y Mindfulness

ESTAS DOS TÉCNICAS SON COMPATIBLES CON INFINIDAD DE OTRAS PRÁCTICAS. Así pues, las dos juntas podrían reforzarse una a la otra. Tú puedes utilizar los recursos de Mindfulness para potenciar el encauzamiento de la energía y fortalecer tu intención durante una aplicación de Reiki. Esta aplicación conjunta de Reiki y Mindfulness puede realizarse tanto en un autotratamiento como en otro tipo de sesiones terapéuticas.

He podido comprobar que el flujo energético resulta más intenso cuando se une a la práctica de Mindfulness. La intencionalidad dirige la energía de curación, y nuestro pensamiento tiene mucho poder. Utilizar este poder durante una práctica resulta determinante para tener éxito. Solamente con la atención plena de tus actos durante una sesión podrás percibir los flujos energéticos en cada chakra, o parte del cuerpo, al realizar el «byosen», que sería el escaneado del aura con las manos.

Por consiguiente, el mantener la mente presente durante la aplicación de Reiki tiene dos funciones.

1. La primera sería aumentar el flujo energético, proporcionando poder a la sesión.
2. La segunda sería la percepción de los flujos energéticos, aportando claridad a los chakras más necesitados de energía.

Testimonios

SEGUIDAMENTE VAMOS A COMPARTIR ALGUNOS DE LOS INNUMERABLES TESTIMONIOS de los queridos alumnos que pasaron por mis cursos y talleres. Sirven como ejemplos que, además de contribuir a nuestro aprendizaje relativo a las técnicas aquí tratadas, también pueden proporcionar un incremento de conciencia al identificarnos con determinadas situaciones; sirviéndonos, por consiguiente, de modelos a seguir en la búsqueda de curaciones.

Sobre Ho'oponopono en problemas psicóticos

«Antes de contar este hecho quiero decir que mi esposa M.A.G. es una mujer maravillosa e inigualable. Mucho de lo que soy hoy se lo debo a ella, que siempre representó una magnífica compañera; e incluso en sus peores momentos constituyó lo mejor que encontré en mi vida.

Hace diez años, más o menos, ella comenzó a tener una manía persecutoria. Primero en relación con los vecinos, después extendiéndola a la familia y los amigos. Aseguraba que había una trama para destruirla, y me acusaba de no tomar medidas contra eso, algo que para ella resultaba muy claro. Al principio, ella parecía sospechar de todo. Hablaba de que un vecino la seguía siempre que ella salía; que otro era un tarado porque la piropeaba; siempre quería que yo interviniese y me enfrentase con aquellas personas.

Después empezó a quejarse de los vecinos, asegurando que todos los comentarios y conversaciones eran para meterse con ella. A su juicio, el motivo era que nosotros oíamos la música muy alta y eso les molestaba. Pero los vecinos nunca se quejaron por eso.

Mis hijas no tenían mucha paciencia con los delirios de su madre, y eso causaba muchas discusiones, y hasta violencia física entre ellas. Yo trabajaba siempre preocupado, y en algunas ocasiones tuve que salir en horario laboral para ir a casa, cuando ella creaba algún conflicto con las niñas. Tuvimos muchas discusiones, y en ocasiones llegó hasta agredirme físicamente. Se escapó algunas veces de casa, y en una de esas fugas no dio noticias durante tres días, vistiendo la misma ropa durante todo ese tiempo. Conseguí localizarla gracias a la tarjeta de crédito que utilizó en un hotel.

Después de este episodio ella se quedó unos días en casa de su hermana, sin querer volver a nuestro hogar. Tuve que alquilar otra casa y trasladarnos a ella. En ese nuevo domicilio los problemas continuaron, porque volvió a mezclar a otras personas en sus delirios, y se produjeron otras fugas. Llegó a decir que los vecinos habían colocado una cámara en casa para vigilarla. En una de sus huidas salió sin rumbo de casa con las malas condiciones de clima de la lluvia y el frío. En esa época conseguí convencerla, con la ayuda de una amiga, para que fuera a un psiquiatra. Ella solo aceptó la proposición porque quería demostrar que no tenía nada. El psiquiatra se dio cuenta rápidamente del problema, e inició un tratamiento con medicamentos, e indicó también la conveniencia de psicoterapia. Pero ella no quiso hacer terapia, y pronto dejó de tomar también la medicación.

Mientras tanto, los problemas volvieron acrecentados incluyendo en sus delirios a más personas, e incluso en su delirio llegó a decir que la perseguía la policía. Dos primas de ella, muy amigas, trataron de convencerla de que aquello de lo que hablaba no tenía sentido, y que debería continuar con el tratamiento. Una de sus primas la llevó a otro médico, que también recetó antipsicóticos y antidepresivos. Me acuerdo cómo ella, en el consultorio del médico, no dejaba de observar la puerta suponiendo que estaba siendo perseguida.

Mientras ella seguía con ese nuevo tratamiento nos cambiamos a un apartamento, en São Paulo. El piso era muy pequeño y tuvimos que deshacernos de muchas cosas. En esa época ella no tenía muchos delirios, pero cayó en una profunda depresión y pasaba todo el día acostada, prácticamente sin comer y con problemas intestinales. No le gustaba el apartamento ni el sitio, por lo que al cabo de seis meses tuvimos que vender el apartamento y cambiarnos nuevamente. Compramos una casa, escogida por ella, en Guarulhos, y nos cambiamos para allí. Nada más cambiarnos ella no quiso tomar la medicación; volvieron los delirios y continuó la depresión.

En esa época la convencí para llevarla a un médico que consiguió tratarla y curar su depresión en poco tiempo; con el tratamiento desaparecieron los delirios durante varios meses, y yo llegué a pensar que ya no volverían más. Pero de nuevo regresaron de forma sutil, y pronto ella no quiso seguir tomando la medicación, con lo que todo volvió a estar como en un principio, e incluso peor. Empezó a ofenderme muy seriamente y todo se hizo insoportable. Teníamos un apartamento en la playa, pero allí también hubo problemas. Ella oía subir y bajar el ascensor y decía que todo era para meterse con ella. Cualquier inconveniente que surgía era para molestarla. Decía que toda la culpa era de una hermana suya y de un vecino a los que no les gustaba. Varias veces habló de que nos volviésemos a cambiar de casa, pero tanto mis hijas como yo nos mostramos firmes y no aceptamos.

Hace siete años que vivimos en esa casa. Solamente hay otra vivienda al lado de la nuestra, y una iglesia al otro lado. Durante ese tiempo vivieron cinco familias en la casa de al lado, y ella siempre veía a los vecinos como verdaderos demonios, diciendo que todo lo que hacían era para molestarla. Llegó incluso a enfrentarse con alguno de ellos. Curiosamente nunca se metió con las cuestiones de la Iglesia. Durante esa época incluyó en sus delirios a la mayor parte de los miembros de su familia, hermanos, tíos, primos, sobrinos y algunos amigos, alegando que todos estaban urdiendo cosas contra ella. Cuando le preguntábamos el motivo de todo eso, ella se inventaba cosas sin sentido como el haber negado comida, escuchar la música alta, que las vecinas no le tenían simpatía, o que alguna cosa que ella había dicho se la habían contado a los demás.

Después de vivir muchos problemas, en 2012 la situación se volvió insostenible, por lo que decidimos internarla en una clínica psiquiátrica, en donde se quedó internada durante veintidós días, y en la que se diagnosticó que sufría un trastorno de personalidad delirante. Tendría que seguir tomando los medicamentos antipsicóticos y antidepresivos. Ella empezó a simular que los tomaba, pero los tiraba. Los problemas con los vecinos continuaron, aunque ahora de forma más tolerante.

Aunque comprendo la importancia que tiene la medicina en esos casos, decidí buscar alternativas que me pudiesen ayudar a superar el problema. Me enteré y me informé de todo lo relacionado con el conocimiento del Ho'oponopono y de su eficacia, especialmente en los casos de problemas mentales. Comencé a practicarlo y obtuve algunos éxitos, pero quería saber más. Con ese pensamiento en mente siento que el Universo me trajo el libro de Juliana De' Carli debido a una circunstancia que surgió; fue una promoción hecha en una emisora de radio, y a uno de sus libros que vi en un estante, y que parecía como si estuviese diciendo: «¡Hola! Aquí estoy».

Después de eso, en 2014, hice el curso de Juliana en el que ella nos enseñaba de una manera muy sencilla, pero con un amor incondicional y profundo, ese conocimiento tan valioso. Casi de inmediato las cosas empezaron a suceder, a fluir. Primero se produjo una situación de gran agresividad en la que mi esposa llegó a hacer las maletas para marcharse.

Eso me preocupó bastante, pero yo me mantuve firme realizando una limpieza interior y pensando: «Suceda lo que suceda, será lo mejor». Con esa certidumbre dormí tranquilamente aquella noche, y me di cuenta de que ella también durmió bien. Al día siguiente deshizo las maletas y dijo que ya le había pasado el enfado. Parecía como si aquello fuera una catarsis de lo que habría de venir después.

Ella también se interesó por hacer Ho'oponopono; empezó a dormir mejor, y la situación con los vecinos mejoró bastante. Ahora puedo decir que gané a mi esposa de nuevo.

He relatado aquí algunas situaciones, pero en el transcurso de diez años hubo otras muy señaladas. Está claro que también hubo muchos intervalos con mejor salud, en las que hicimos cosas agradables como pasear, viajar, etc. Lo peor es escuchar que tu mujer está loca y que necesita ser internada. Hoy felizmente la situación está más equilibrada, existe una mejor comunicación y el problema parece ir mejorando lentamente cada día. Todo ha sido tan natural que parece que nada está sucediendo; pero, cuando miramos hacia atrás, podemos ver una evolución significativa en muy poco tiempo. Han disminuido las noches de insomnio, y la relación mejora en todos los sentidos. Sabemos que el problema mental es un desafío, y yo casi llegué a desfallecer en varias ocasiones. Con la persona que sufre ese trastorno no hay acuerdo, no conseguimos convencerla de nada. Uno trata de ser comprensivo, pero los absurdos son tan grandes que resulta muy difícil no perder la cabeza. En casos como este el asesoramiento médico es muy importante, pero el Ho'oponopono constituye también una gran ayuda. Si no sabemos qué hacer, el Creador sabe; y nosotros, a través de las frases, nos seguimos equilibrando.

En la actualidad el Ho'oponopono forma parte de mis prácticas diarias para tratar diversas situaciones o personas. Logro sentir su resultado en muchas áreas de mi vida. La diferencia es que hoy ya no estoy solo, el Creador está conmigo. Y solo tengo que hacer limpieza, dejarlo todo en sus manos, porque la ayuda viene de donde menos se espera. Si eso sucedió con el doctor Len, también puede sucederme a mí».

José Carlos García (Brasil)

Sobre Ho'oponopono para el asedio sexual en la infancia

«En primer lugar, quiero agradecerle, Juliana, el haberme dado la oportunidad de contar un poco la experiencia que tuve con su libro. Siento que de esa forma puedo contribuir con otras personas que también pueden venir a compartir recuerdos, teniendo así la oportunidad de transmutarlas y llevarlas a la Luz.

Me acuerdo bien de que el día en que contacté con la limpieza Ho'oponopono me pregunté: «¿Cómo puedo utilizar esta limpieza para ayudar a otras personas?». Una hora después usted me estaba pidiendo que diera este testimonio en su libro. ¡Gracias!

Yo tenía siete años de edad cuando todo empezó a suceder. Mi madre era evangélica, y de acuerdo con las enseñanzas de esa Iglesia no nos estaba permitido tener televisión en casa. Yo, como todos los niños, adoraba la tele, y hacía todo lo posible para estar en la casa de alguien que tuviese una. Tenía una amiga que vivía en la misma calle que yo, y a pesar de que sus abuelos también seguían esa misma religión, tenían en casa un buen aparato de televisión. Yo pasaba la mayor parte del tiempo en la casa de esa amiga, y fue allí en donde todo sucedió. A mi amiga la criaban sus abuelos, y fue precisamente su abuelo quien comparte conmigo esos recuerdos.

Al principio, sucedieron cosas como que su abuelo pedía una toalla cuando se estaba bañando, porque decía que se la había olvidado. Entonces él abría la puerta del baño y se me aparecía completamente desnudo. Ese tipo de cosas sucedieron muchas veces. Él nunca llegó a mayores conmigo, pero hubo tocamientos de todas las formas que usted se pueda imaginar. Esos abusos duraron como un año y medio, pero yo no tenía valor para contarle a nadie lo que me pasaba por un único motivo: perdería mi televisión.

Cierto día íbamos a buscar a mi amiga a la casa de su madre que vivía en otro lugar, y teníamos que caminar un buen trecho por un camino de tierra, completamente desierto. Y fue en ese camino en donde él quiso llegar «a mayores». Ese día hice lo que debería haber hecho hacía mucho tiempo; lo amenacé, y le dije que si me ponía un dedo encima le contaría a todos lo que me hacía. Y esa fue la última vez.

Pasó bastante tiempo sin que me acordara de todo aquello, viviendo mi vida de una manera normal. Yo, a pesar de haber tenido algunas experiencias desagradables con hombres, aún no me había dado cuenta del impacto que aquel pasado tendría en mi vida.

A los veinte años me casé por primera vez, y fue entonces cuando me di cuenta del enorme bloqueo que tenía en el tema sexual. Experimenté ese bloqueo en todas mis relaciones, incluso en aquellas que mantuve antes de casarme. Deshice dos matrimonios, y mi vida se desarrollaba como si fuese un disco rayado tocando siempre la misma música. Hoy me encuentro casada con un hombre maravilloso, y me doy cuenta de que si no hubiese tomado una decisión, probablemente acabaría destruyendo también mi tercer matrimonio.

Fue entonces cuando decidí utilizar Ho'oponopono para trabajar en la limpieza de esos recuerdos, asumiendo una total responsabilidad por todo lo que había sucedido, y por todo lo que me estaba sucediendo ahora. Decidí escribir en un papel todos los comportamientos que tenía mi marido y que me molestaban profundamente. Mi intención era, en primer lugar, ver en él lo que me molestaba y, después recapacitar y asumir la responsabilidad. Traté de ver en qué parte de mi cuerpo sentía esa incomodidad, y percibí una sensación de sofoco en la garganta. Me centré en esa sensación y comencé la limpieza. Cuando empecé a decir el mantra: «Lo siento mucho, perdóname, te amo, gracias», lo hice con el corazón abierto, y queriendo verdaderamente esa limpieza. Me centré, al principio, en los enfados que tenía con mi marido; y entonces comenzó a pasarme algo muy interesante. Aquella persona del pasado apareció en mi frente. Fue una experiencia increíble. Por primera vez en mi vida conseguí mirarlo con mucho amor, y perdonándome al mismo tiempo por haber compartido con él aquel recuerdo; entonces sentí un amor mucho más verdadero; era como si hubiera surgido una luz entre nosotros. De repente, su imagen desapareció y comenzó una secuencia de apariciones; en mi frente aparecieron todos los hombres con los que había tenido relaciones, uno tras otro. Yo miraba a cada uno de llos y repetía: «Lo siento mucho. Perdóname. Te amo. Gracias». Cuando terminaba la frase aparecía otro, y después otro. Aparecieron hombres con los cuales no había tenido ninguna clase de relación. Comenzaron a aparecer mujeres, algunas personas de mi familia y personas de las que ya no me acordaba. Pero para todos yo repetía: «Lo siento mucho. Perdóname. Te amo. Gracias».

Al cabo de algún tiempo cesaron las apariciones y me sentí como si estuviese regresando a los momentos anteriores al abuso; sin embargo, y aunque ya no descubrí nada más, sentí que debía continuar la limpieza. Y así lo hice, hasta que percibí una sonrisa en mi rostro, y me di cuenta de que aquella sensación de sofoco en la garganta había pasado. Fue en ese momento cuando entré en el ZERO; todo era puro silencio y paz. Me quedé en aquel estado durante un rato y después regresé a mi estado normal.

Cuando aquella noche regresé a casa, obtuve la primera respuesta, y comprobé que algo había sucedido. Mi marido, que tenía una actitud que me molestaba, tuvo la oportunidad, debido a un hecho, de expresar lo que le sucedía. Y ¿sabe lo que sucedió? Pues que él mostró una actitud completamente distinta, una actitud que me dejó muy feliz. En ese momento me di cuenta de que la limpieza ya se había producido. Yo hacía Ho'oponopono desde hacía algún tiempo, pero no entendía muy bien como aquello funcionaba, por lo que no tenía mucho sentido para mí.

Así pues, le estoy agradecida, Juliana, por haberme enseñado a utilizar Ho'oponopono. Ahora todo tiene sentido para mí, por lo que estoy y estaré eternamente agradecida. Y también a usted, lector, que comparte conmigo este recuerdo. Lo siento mucho. Perdóname. Te amo. Gracias».

KELLY MORAES (Brasil)

Sobre Ho'oponopono y Reiki en cataratas oftálmicas

«Pedí a Dios una manera práctica y definitiva de alcanzar el equilibrio y la paz interior. Y entonces me llegó la respuesta: conocí Ho'oponopono por Internet; investigué, investigué y llegué al libro de la maravillosa Juliana De' Carli. Leí el libro con mucha atención y cariño; una obra sencillamente completa y definitiva sobre el tema, y muy esclarecedora.

Fui a hacer un «Taller Ho'oponopono Método hawaiano de autocuración» con Juliana De' Carli, porque, además de querer conocerla personalmente, quería sentir la energía que viví al leer su libro, y estar en la presencia de una verdadera maestra. Fue una experiencia inigualable. Desde entonces mi día a día se ha vuelto más leve, mi existencia adquirió un nuevo sentido y encaro la vida como una experiencia pasajera en nuestra evolución. Los problemas se convirtieron en desafíos, las intenciones en inspiraciones, y siempre encuentro una salida positiva para los retos. Comparto el Ho'oponopono con parientes y amigos, e hice conocer a muchas personas el libro de Juliana De' Carli, y todos me cuentan siempre experiencias que han vivido. Creo en la fuerza del mantra de

Ho'oponopono, es transformador. Gracias al Ho'oponopono entré en contacto con Reiki, y fui en busca de la curación de mis ojos. Hice el tratamiento de Reiki con Juliana De' Carli, y en la primera sesión la catarata que tenía en los dos ojos, simplemente desapareció; me sentí curada, y sé que día a día me sigo curando, purificando, limpiando y continuando con mi vida, con equilibrio y paz, confiada y feliz. Lo siento mucho. Perdóname. Te amo. Gracias».

VANIA MARIA ESTELA GIONGO (Brasil)

Sobre Ho'oponopono equilibrando la vida con meditación

«Nunca fui una persona muy espiritual hasta que mi hermana me presentó el curso de Ho'oponopono de Juliana De' Carli, que reconoce que ha cambiado su vida.

Fui al curso llevada por la curiosidad de cómo sería ese método tan milagroso. Claro está, ¿quién no quiere cambiar su vida? El hecho es que en el transcurso del curso nos volvemos tan sensibles que nos damos cuenta de cómo algunas cosas tan sencillas nos afectan sin que la gente lo perciba; y también cómo algunos problemas mal resueltos desde hace años comienzan a salir a la superficie. La energía que se emana de la sala es muy fuerte, y acabas uniéndote a los compañeros.

Una de las cosas de las que me di cuenta en el curso fue de cómo mi ambiente de trabajo influía en mis sentimientos. Pronto fue esa una de las primeras cosas que quise cambiar. Al final son ocho horas diarias las que paso allí, y llego a casa muy agotada, sin ninguna energía. Soy funcionaria estatal desde hace tres años, y trabajo con tres compañeros de un departamento distinto al mío; por consiguiente, para que los clientes puedan ser atendidos es necesario que se emita un documento primero conmigo y después con ellos, y es por ese motivo por lo que compartimos la misma sala. Dos de ellos están cerca de su jubilación, y el otro obtuvo el empleo gracias a su padre que tiene influencia política.

El ambiente laboral era pesado, porque realmente la única persona que no quiso convertirse en funcionaria pública, cosa que todo el mundo tiene en mente, era yo; y realmente tengo poco trabajo. Por su parte, son bastantes funcionarios para tan poco servicio, por lo que suelen estar ociosos. Resultaba muy difícil trabajar con quienes se pasaban todo el tiempo quejándose, y lo único que hacían era esperar a que les llegara la jubilación. Ninguno tenía un proyecto de vida; se pasaban el día entero hablando mal de la gente de aquella pequeña ciudad en que vivíamos; atendían muy mal a todo el mundo, haciendo esperar a la gente mientras conversaban entre ellos, hablaban por teléfono o comían en la misma oficina alguna cosa que traían de casa. A todo esto la televisión funcionaba desde lo alto de una estantería, cosa que indignaba a quien venía para ser atendido. Uno de los compañeros en ocasiones llegaba drogado; y una de las cosas que más me molestaba era el hecho de que al prefecto de la ciudad no le importase poner allí a un funcionario que fuese competente para ayudarme, teniendo a tanta gente sin hacer nada, y viéndome yo obligada no solo a realizar mi trabajo de veterinaria, sino además el del servicio administrativo.

Todo ese desajuste y agitación de mi ambiente de trabajo me hacían mucho daño, porque era mucha la energía negativa que había allí durante todo el día. Pero gracias al Ho'oponopono las cosas se fueron resolviendo.

Como no soy una persona muy disciplinada, a fin de serenarme y poder meditar, decidí utilizar otra forma de practicar Ho'oponopono. Como todos los días me levantaba a las seis de la mañana para ir a pedalear, bajé algunos audios de Ho'oponopono que encontré en youtube y de este modo los podía escuchar mientras hacía mi ejercicio. Había meditaciones, oraciones y música con el mantra «Perdóname, lo siento mucho, gracias, te amo». De este modo disfrutaba de una hermosa salida del sol. Algunos fines de semana en los que también hago senderismo, me paro en algún lugar que encuentro agradable y medito; hago mis peticiones y repito el mantra. Como con el horario de verano había mucha oscuridad para hacer ciclismo, decidí llegar algunos minutos antes a la oficina y escuchar esas mismas cintas que bajé al ordenador. Resulta impresionante comprobar con qué buen humor comienzo el día, y más impresionante todavía comprobar cómo han cambiado mis compañeros de trabajo.

Ahora reina la calma. Mis compañeros empezaron a emplear su tiempo libre en cosas útiles que encuentran en Internet. Ya es corriente que llegue a mi trabajo y los encuentre tranquilos, cada uno delante de su ordenador escuchando sus audios y sin hablar ya mal de nadie. El mejor regalo que ahora tengo ha sido que, después de haber pasado por tres funcionarios administrativos que no querían saber nada de nada, me enviaron para que trabajase conmigo a una persona que es un verdadero ángel, competente, organizado, responsable, activo y reservado, de la clase de personas que en tantas ocasiones había solicitado.

Más allá de los conflictos que me pueda ocasionar el trabajo, mi vida cambió por completo; hoy me encuentro más serena, descubro que he entendido lo que es la paz y la busco todos los días. Las personas que me hacían daño se han alejado de mi vida sin tener ninguna clase de conflicto conmigo y, por el contrario, se me han acercado personas agradables. Aprendí a ver el lado bueno de las cosas y me concentro en ellas, dejando de ser una persona negativa. Hoy me siento más feliz y serena. En fin, estoy muy agradecida».

RAFAELA (Brasil)

Sobre el Ho'oponopono, creador de milagros a través del amor

«Quisiera compartir una increíble experiencia que tuve hace algunos meses.

Mi madre se encontraba internada en una clínica, muy enferma, y tuvo que ser alimentada mediante sonda. Esto le hizo perder mucho peso, y a consecuencia de eso la alianza de su boda con mi fallecido padre le quedaba muy grande. Un día la enfermera me dio la alianza, y eso me causó mucha pena, pues durante todos los años de mi vida nunca había visto a mi madre sin aquella alianza.

Salí de la clínica con la alianza en el dedo y me fui directamente al centro comercial para comprar algunas prendas de ropa. En el camino de regreso a mi casa, ya dentro del coche, me miré la mano y me di cuenta de que la alianza ya no estaba en mi dedo. Me quedé tan atónita y desesperada por haber perdido la alianza que era el símbolo de la boda de mis padres, que jamás me perdonaría por haber cometido tal negligencia. No intenté volver al centro comercial, pues había estado en muchas tiendas y había pasado por innumerables lugares, y sería imposible encontrar un objeto tan pequeño.

Cuando llegué a casa, entré en mi habitación y empecé a llorar y a implorar a Dios. Nunca pedí nada con semejante fuerza, con tanta voluntad y con tanto ardor. Recé mucho, y sentí la presencia divina a mi lado en aquel cuarto.

Pasaron tres días y mi tristeza no hacía más que aumentar. No obstante, seguía trabajando. Vendo bolsos de señora, y suelo llenar los bolsos con papel para evitar que se arruguen. Finalmente, vendí uno de los bolsos que tenía guardado desde hacía meses y que había puesto debajo de otros. Entré en mi almacén para separarlo y hacer la entrega. Tuve que apartar muchas cosas hasta encontrarlo. Cuando terminé de sacar todo el papel del bolso para dejarlo vacío, viví algo inexplicable. ¡La alianza de mi madre estaba allí dentro!

No me puedo explicar cómo pudo suceder eso, pues cuando llegué a mi casa ya no tenía la alianza. Los milagros no tienen explicación, porque no suelen suceder. Hoy tengo la certeza de que existe la materialización, y que nada es imposible cuando el deseo es muy fuerte. Me siento eternamente agradecida por este maravilloso hecho que sucedió en mi vida. Y agradecida también por los pequeños, pero no por eso menos importantes milagros, que presiden mi vida diariamente con Ho'oponopono. ¡Gracias!».

ANA PAULA MIRANDA ASSUNCAO (Brasil)

Sobre Ho'oponopono mejorando la relación con mi hijo

Conocí a Juliana De' Carli en un curso de Coaching. Realizamos actividades conjuntamente, hablamos de mis problemas y ella me dio a conocer Ho'oponopono. Entonces compré su libro *Ho'oponopono universal. Método de autocuración hawaiano.*

En el viaje de regreso a casa «devoré» el libro, que encontré de fácil comprensión y muy objetivo, y comencé a practicar el mantra "Lo siento mucho. Perdóname. Te amo. Gracias". Pero lo que quiero contar es algo que me sucedió y que atribuyo a la práctica de Ho'oponopono.

Al día siguiente salí de casa al final de la tarde para ir a buscar a mi hijo al colegio, y fui practicando el mantra con intención de armonizar nuestro encuentro, pues él estaba pasando unos días muy agresivo. Al llegar al colegio, la coordinadora del centro me informó de que mi hijo se había comportado nuevamente en clase de manera deplorable, faltando al respeto a las normas de aquel colegio que todavía era nuevo para él.

Escuché el relato de la coordinadora, y seguidamente le pedí a él que me contase lo que había sucedido. Él, con toda la rabia que pueda tener un niño de ocho años, me contó lo que había pasado. Mi primera sorpresa fue que pude mantener la calma, tratando de escuchar con atención lo que él decía, pues en otras ocasiones yo también me encolerizaba y me volvía muy agresiva. Serenamente le pedí que entrase en el coche, me despedí de la coordinadora y nos fuimos.

Por el camino le pregunté qué podría hacer yo para que él entendiese que es necesario respetar las reglas y las personas. Él se mantuvo en silencio. De nuevo inicié mentalmente el mantra, con intención de ponerme a disposición de Dios para recibir una inspiración. Una ola de alegría me llenó el corazón, pues vi la posibilidad de resolver aquel problema sin que hubiera discusiones. "Lo siento mucho. Perdóname. Te amo. Gracias". Con amor y gratitud».

JULIANA LOPES (Brasil)

Sobre Ho'oponopono y Reiki a distancia, para tranquilizar a los hijos y armonizar relaciones

«Hace ya tiempo tuve ocasión de leer un libro sobre Reiki; tenía muchas ganas de conocer y hacer un curso, pero nunca tuve la oportunidad de practicarlo o de entrar en contacto con la energía en sí. A mediados del año pasado decidí hacer un curso con la autora de este libro. Más adelante, después de haberme iniciado, enviamos juntas Reiki a distancia para mi hija, que tenía por entonces un año y medio, y que estaba enferma con una infección de oído, sin dormir bien desde hacía una semana.

Cuando terminó el curso y regresé a casa, la encontré durmiendo tranquilamente en la cuna. Encontré aquello un tanto extraño al considerar los últimos días sin dormir, debido a la infección; pero aproveché para descansar, porque sabía que al cabo de un rato tendría que despertarla y ayudarla en los momentos de dolor.

Al día siguiente, mi marido y yo nos despertamos a las seis de la mañana, sorprendidos al comprobar que ella todavía dormía tranquilamente desde la noche anterior. Aunque la niña tenía un año y medio, se despertaba una o dos veces por la noche, cuando estaba bien, para mamar; o incluso más veces cuando estaba con fiebre o tenía alguna infección. Aquella fue la primera vez que ella durmió toda la noche sin despertarse. Ese hecho me produjo una impresión muy fuerte, animándome a incluir la práctica de Reiki en mi rutina diaria. Desde entonces vengo descubriendo, y cada vez con más intensidad, los innumerables beneficios físicos y mentales que me aporta el Reiki.

Cuando oí hablar de Ho'oponopono por primera vez, investigué en Internet sobre el tema, pero me quedé un poco desilusionada, pues encontré escasa información al respecto. En todos los artículos se mencionaba básicamente la utilización de cuatro sencillas frases, y nada más. Pensé que la vida era demasiado difícil y llena de desafíos, y que no tenía sentido emplear un método de auto curación tan simple como ese. Sin embargo, y pese a toda su sencillez, en lugar de practicar y comprobar su efecto, opté por comprar el libro *Ho'oponopono universal,* de la misma autora de este libro, con la intención de descubrir lo que era más importante para el ejercicio. A lo largo de la lectura del libro encontré mucha información, pero la práctica de Ho'oponopono consistía básicamente en la repetición de esas sencillas palabras. Yo no podía comprender cómo la repetición de tales palabras me podría ayudar; así pues, continué en mi búsqueda de otros métodos, como la meditación y el Reiki.

Poco después de un año de ese mi primer encuentro con Ho'oponopono me encontré en una situación muy delicada, en la que una persona muy cercana y querida, con una decisión impulsiva, causó un serio perjuicio a mi hija. Me invadió una ira de la que no podía librarme, pensaba en eso en todo momento y me sentía completamente dominada por la ira, como si estuviese viviendo de nuevo aquello. Los intentos de meditación y de auto aplicación de Reiki resultaban imposibles en esa situación, porque no lograba concentrarme en nada. Cuando me vi sin "herramientas" para poder reequilibrarme y salir de esa situación, me acordé de Ho'oponopono y decidí ponerlo en práctica. Comencé diciendo «Lo siento mucho», pero yo no sentía mucho, porque estaba llena de rabia y muy agresiva con esa persona; pero seguí adelante: "Perdóname", pero no podía pedir perdón, porque no estaba equivocada. "Te amo", esa fue, con toda certeza, la frase más difícil de pronunciar en ese momento. "Gracias", pero yo no me sentía agradecida por estar viviendo todo aquello. Pero aún así, seguí adelante: "Lo siento mucho. Perdóname. Te amo. Gracias".

A medida que fue pasando el tiempo todo se fue clarificando, y fui dándome cuenta de que yo lo sentía mucho y que debería pedir perdón a una persona tan querida y que no había hecho nada por maldad, porque sencillamente había actuado por un impulso. Comprendí que yo amaba a esa persona tan querida y que era la ira la que me estaba cegando. Aparte de todo, yo me sentía agradecida porque esa persona estuviese en mi vida.

Sentí entonces cómo se iba deshaciendo un nudo en mi pecho, los pensamientos se iban clarificando, y la ira iba disminuyendo hasta perder fuerza. Esa primera experiencia con Ho'oponopono me enseñó mucho, no solo sobre su funcionamiento sino, y principalmente, sobre su utilidad en los momentos en que no tenemos suficiente equilibrio interior para hacer otro tipo de ejercicio. También comprendí por qué había dudado durante tanto tiempo en practicarlo; porque aunque sea un método «sencillo» nunca es fácil decir esas palabras, y es necesario tener mucha sinceridad y humildad».

CAROLINA VIADANNA (Brasil)

Sobre Ho'oponopono y Reiki para encontrar la propia esencia

«Mi nombre es Mayce, y os voy a contar cómo el Reiki y el Ho'oponopono me ayudaron, y me ayudan, en mi camino.

El Reiki fue el primer «separador de aguas» de mi vida, con el que tuve contacto en 2007, gracias a un compañero de trabajo que lo aplicaba. En esa época aquello no tenía ningún sentido para mí. Pero a finales de 2010, cuando estaba pasando por una etapa muy conflictiva en todas las áreas de mi vida, me volví a encontrar con el Reiki. En ese momento se inició mi proceso del despertar, del autoconocimiento, de cambio y conexión con mi verdadera esencia.

Lógicamente, el proceso no fue muy fácil porque, en definitiva, el cambiar duele, y el hacernos conscientes del «residuo» emocional que se encuentra en nosotros es algo que asusta y desespera... En realidad, lo que una desea es salir corriendo y no dar más vueltas al asunto. Sin embargo, tras enfrentarse a todo eso y darnos cuenta y aceptarnos a nosotros mismos, el proceso se vuelve un poco más fácil. Puedo decir que el Ho'oponopono fue el «segundo separador de aguas» en mi vida. Tengo que agradecerle mucho a esa técnica, porque realmente aportó mucha luz a mi vida a partir del momento en que empecé a practicarlo diariamente.

Tuve la oportunidad de conocer a Juliana a través de su padre, el querido Maestro Johnny De' Carli. En 2013 participé en un módulo del curso de Reiki Master, en São Paulo, y en este curso él mencionó muchas veces a Juliana con mucho cariño y orgullo. Me puse en contacto con ella y nos enviamos algunos mensajes durante ese periodo. Al cabo de un año, más o menos, compré el libro *Ho'oponopono, método de autocuración hawaiano;* empecé a leerlo y a tratar de practicar diariamente. Sin embargo, como me encontraba en una fase de postparto y tenía que dedicarme por entero a mi bebé, no conseguía muchas veces encontrar tiempo, y me sentía agotada física y energéticamente. No lograba autoaplicarme Reiki, y comencé a entrar en un estado depresivo.

Decidí buscar ayuda y me puse a hacer sesiones con Reiki y adecuación muscular, hice una constelación familiar que me ayudó mucho y, poco después, en diciembre de 2014, tuve la oportunidad de participar en un taller de Ho'oponopono con Juliana, en Holambra. Ese día fue maravilloso, empezando por el local en donde se daba el curso, que era muy agradable, con mucho verde y con una energía muy positiva. En ese momento comenzó el proceso; Juliana es realmente una persona muy simpática, transmite paz y posee una luz muy fuerte que emana hacia todos los que la conocen. Además de eso es una persona muy accesible, de buen humor y humilde, que conquistó mi admiración... Yo la admiro mucho.

El grupo era muy interesante y, poco a poco, fuimos descubriendo afinidades. No tengo palabras para describir cómo transcurrió todo en ese día, pero fue mágico... Fueron doce horas de convivencia, de trabajo individual y en grupo, momentos de intercambio, de dejar nuestros cuestionamientos, nuestros pensamientos, nuestro ego, y trabajar para la liberación de energías y creencias limitadoras que ya no podían coincidir con el nuevo patrón energético que alcanzaríamos de allí en adelante.

Al final del encuentro fuimos bendecidos por una noche de luna llena, acompañada por un temporal justo en el momento en que hacíamos la meditación con los tambores chamánicos. Fue un momento único en mi vida, muy intenso; salí RENOVADA de ese encuentro. A partir de entonces empecé a practicar la técnica todos los días; incluso comencé a utilizarla como canción de cuna para hacer dormir a mi hijo, Y al poco tiempo la calidad de su sueño empezó a mejorar, y yo también comencé a sentirme mejor en relación con mis sentimientos y con el fluir de mi vida.

Han pasado muchos meses hasta hoy, marzo de 2015, y puedo decir que mi vida ha tomado un nuevo rumbo. Tuve que dejar atrás el pasado, algunas personas salieron de mi vida en ese tiempo, otras están llegando... Mi vida profesional volvió a fluir, he vuelto a hacer cosas que me resultan placenteras, que me hacen feliz y que me reconectan con mi verdadera esencia, con mi Yo Superior. Abandoné creencias que me resultaban limitadoras en todos los campos de mi vida, y hoy utilizo técnicas de cocreación para la abundancia y la prosperidad con Ho'oponopono. También he descubierto que el mayor secreto para vivir en equilibrio es el agradecimiento con todo lo que sucede en nuestras vidas. Agradecimiento por existir, por tener esa oportunidad de evolucionar aquí, en este planeta; agradecimiento por superar los obstáculos y a nosotros mismos; agradecimiento por todas nuestras conquistas... En fin.. Hoy me siento agradecida por todas las oportunidades y cosas buenas que acontecen en mi vida. Agradecimiento al Universo».

MAYCE AZOR (Brasil)

Sobre el Ho'oponopono, transformador de vidas

«Contemplo con mucha satisfacción el crecimiento adquirido con el Ho'oponopono en la senda del autoconocimiento. El trabajo del perdón, de la compasión, resultó nítido para la resolución de muchos problemas que desde hace mucho tiempo se retraían y que solamente contribuían para agotar las fuerzas de toda mi familia. No solamente para la apertura de mi espiritualidad, sino también y principalmente para el reconocimiento de mis propias verdades, del YO SOY.

Resulta muy placentero reconocer que el Universo abre posibilidades tan simples, que si fueran tomadas con amor y disposición al bien, transformarían los caminos, antes sinuosos y oscuros, en una senda suave y repleta de flores.

Fue casualmente (si bien, no creo en la existencia del azar) como conocí a Juliana De' Carli. En diciembre de 2013 me invitó a pasar el domingo en Holambra. Acepté su invitación, aunque debo confesar que sin grandes expectativas. Cuando llegamos a la ciudad, me sentía extraña, con pensamientos errantes y con el cuerpo leve, fluctuante. Incluso llegamos a comentar las dos si sentíamos la misma sensación. Ahora me doy cuenta de lo que era, pues todavía tengo muy presentes esas reacciones; acostumbro a llamarlas "locuras de la supervivencia en la tercera dimensión".

Pues bien, en el transcurso del viaje mi amiga me dijo que íbamos a visitar a una persona que ella estimaba, la cual acababa de dar a luz un crío. ¡Pasamos una tarde más que agradable! En medio de una buena charla, zumo de uvas y muchas fotografías descubrí a la autora del libro «Ho'oponopono Método de Autocuración Hawaiano. Una luz en la vida», del cual adquirí, más que deprisa, dos ejemplares, pues rápidamente reconocí que aquello era un fantástico regalo.

El 15 de marzo de 2014 tuvo lugar el taller en el que pasamos el día, y gran parte de la noche, absorbiendo y practicando Ho'oponopono. Fue el gran día del inicio del cambio de vida (o, mejor dicho, del reconocimiento de ella), de conducta y de pensamientos. Fue algo increíble, como si toda aquella técnica hubiera sido escrita para tratar los problemas más importantes de mi vida. Era como si mi ángel de la guarda me estuviera diciendo: "Ve, ábrete, juega, sumérgete, pues este mar es una inmensidad de bienestar".

Así pues, puedo decir que la práctica del Ho'oponopono es algo constante en mi vida, desde las cuestiones más sencillas hasta aquellas que no parece que tengan principio, ni medio, ni mucho menos fin, de tan complejas como son.

¿Se acuerda de aquellos problemas "casi insolubles" que mencioné al principio? Pues bien, en este exacto momento en que hago esta declaración, el más "denso" de tales problemas acaba de ser resuelto. Y ahora, después que ha pasado la tormenta, reconozco la simplicidad de todo;

y entiendo que el ser humano, cuando se encuentra perdido en su esencia, lo complica todo hasta el punto que destruye la felicidad en lugar de asirla; y siempre el otro es el culpable, y nunca lo es uno, el pobre desgraciado y perdido.

En este periodo posterior al Ho'oponopono fui irradiando los conocimientos y la luz de la verdad, del perdón y de la curación en cada punto de mi vida. Me siento agradecida por este reconocimiento y perfeccionamiento de mi SER, y reconozco asimismo la extensión de mi caminar. Pero ahora, con claridad y sutileza cada punto se volverá luminoso, y no una piedra que está machacando y machacando. Dejar para el otro lo que es del otro, sin cuestionarlo, y limitarse a ser caritativo si a una se lo permiten. Con suavidad, fluctuando como la más ligera de las plumas.

Me siento agradecida por cada una de las elecciones que mis amigos de espiritualidad me han iluminado y, principalmente, porque me han ayudado a encontrar compañeros de camino, aquí en nuestra pequeña dimensión; pues es justamente con ellos y por ellos que esta expansión espiritual nunca dejará de crecer. Lo Siento Mucho, Me perdono, Siento agradecimiento, Yo te amo».

VÂNIA RENATTA (Brasil)

Sobre Mindfulness curando dolores físicos, y Ho'oponopono despertando emociones de curación

«Conocí a Juliana en Portugal, en el gimnasio que frecuento y en donde ella da clases de meditación. Hasta entonces no conocía Mindfulness, por lo que me dejé llevar por la voz angelical que me llevaba a recorrer cada célula de mi cuerpo. Esa fue la última vez en que sentí dolor en mi pie izquierdo, pues había tenido una torcedura hacía varios meses y el dolor no quería abandonarme.

Ese día dejé que las lágrimas surgiesen, pues fueron muchas las emociones. Pero, al final, Juliana se quedó a mi lado hasta que me sentí bien. En otra ocasión, al final de la clase, una de las participantes se mostró muy emocionada y nos dijo que su hija tenía cáncer. Fue un momento muy emotivo para el grupo; y entonces Juliana nos preguntó si nos podíamos quedar para hacer una sesión de Ho'oponopono para curar a la hija de aquella señora, cosa que hicimos.

La emoción sentida fue muy fuerte. Nos tomamos de las manos para decir el mantra: "Lo siento mucho. Perdóname. Te amo. Gracias", ciento ocho veces. Sentí que la fuerza de ese poder circulaba a través de todos nosotros, como si fuésemos una sola persona, por la unión de las manos, de nuestra energía y de nuestra voluntad de curar, Sentimos la «Luz» que existía allí y, al final, la emoción producida por la frase «Está hecho» también me hizo llorar, pero de felicidad. ¡Estaba hecho!

En cada clase experimento sensaciones y conocimientos que me permiten vivir más feliz en cada momento presente; y escuchar mejor cada sentimiento e intuición. Me siento agradecida a la Vida, al Universo y a Juliana, quien, con su amor, sencillez, humildad y generosidad nos ilumina a todos nosotros, no solamente en esta ciudad sino en tantas otras del mundo a donde llega a través de sus libros, de Internet y de su intensidad. Bienhallada, querida Juliana, por compartir las enseñanzas de las técnicas de curación de cuerpo y alma, y también por la forma tan hermosa de hacerlo. Namasté».

ISABEL ADRIANO (Portugal)

Sobre Mindfulness, aportando la paz interior

«Mi experiencia de Mindfulness ha sido una experiencia de encuentro con la paz interior, dado que esta técnica tiene que ver con la atención plena en el momento presente. Aprendí a prestar más atención a las sensaciones del cuerpo, a las emociones y a los pensamientos. Resulta increíblemente sencillo, y a la vez complicado, aprender a experimentar la sencillez de respirar, a fin de centrarnos en el momento presente. Pero, en verdad, este es el único tiempo que tenemos para vivir, sentir y crecer. Aprendí que los pensamientos son como las hojas de un árbol que caen al río; cada hoja es un pensamiento. Hemos de ser conscientes de ellos, pero es imperioso dejarlos que los lleve la corriente, sin fundirnos con ellos. Porque realmente, sea lo que fuere lo que pienses, ahí estás».

ESTELA LANDEIRO (Portugal)

Sobre Mindfulness y Ho'oponopono trayendo más focalización y atención en el día a día

«Desde esta última meditación que hicimos aquí en Fundao, en Portugal, siento que me muevo con mayor serenidad. He conseguido mantener más la atención en lo que hago en el momento presente, y con quien estoy. Durante la meditación pude concentrarme en la música y en su voz, notando que me sentía muy ligera. En cierto momento de la clase comenté que hubo un instante en que me sentí desligada. Este desligarse tiene que ver con no darme cuenta de lo que me rodeaba, pues estaba concentrada en la música y en su voz.

Esta semana he logrado dar importancia a muchas cosas que ni siquiera imaginaba, lo que me permite ser mucho más feliz y poder vivir el ahora más intensamente. Espero seguir yendo a sus clases para poder evolucionar en este sentido».

ANA RAMOS (Portugal)

Dudas

MENCIONO SEGUIDAMENTE ALGUNAS PREGUNTAS que he recibido de mis alumnos, confiando en que al menos alguna de ellas pueda resultarte útil a ti.

✔ ***¿La sensación de quedar en el vacío sería tratar de no pensar? ¿Respirar? ¿Postergar los pensamientos?***

Quedarse en el vacío tiene como objetivo mantener una conexión con la divinidad, aproximándose a la propia esencia y entrando en un estado de inspiración. De esta forma podemos tener una respuesta basada en una inspiración y no en un recuerdo. Este proceso puede ser muy rápido. Para eso es necesario que acallemos nuestros pensamientos, y vaciemos la mente. Para este fin utilizamos la respiración que se encuentra íntimamente ligada a nuestro cuerpo mental. A través de nuestra respiración podemos calmar la mente e ir vaciándonos de los pensamientos. Si se produjera algún pensamiento, acéptalo y déjalo ir. No trates de decirte que no quieres pensar en ello, porque eso podría llevarte a pensar todavía más en él. Este vacío es el estado cero del que habla Joe Vitale. Es una manera sencilla de apartarlo. Respira calmada y profundamente, repite el mantra de Ho'oponopono durante al menos cinco minutos, y cuando termines te darás cuenta de que te encuentras con la mente más tranquila y sin pensamientos. Sentirás lo que es sencillamente ser, y notando tu respiración y una paz interior profunda.

✔ ***¿Puedo curar un karma?***

Sí. Tú tienes tres opciones en relación con el karma. La primera, sería vivirlo; sería pagar el karma, aceptar la condición que él le impone. La segunda sería transmutarlo, o sea, convertirlo en algo bueno. En el caso de que tenga que vivir un momento que pueda estar molestando o trayendo algún dolor, tú te puedes preguntar «Qué está queriendo mostrarme la vida con eso? ¿Qué puedo aprender con este hecho?». Tú saldrás de la situación con una visión diferente, y habrás sentido menos dolor que si aceptases vivir la situación como víctima de ella. De ese modo sufres menos y evolucionas más. Cada persona puede reaccionar de una forma diferente ante una misma situación; unas pueden sufrir mucho, llegando al máximo de lo que pueden sufrir en una determina ocasión; otras no permiten que la dominen, manteniéndose más equilibradas, lo que facilita la solución del problema. La tercera opción sería trascender el karma, neutralizando tu carga motivacional, entregándote a la Divinidad, y alcanzando el estado de vacío. De este modo, tú dejas de vivirlo. Eso es lo que provoca el Ho'oponopono.

✔ ***Muchas veces entiendo que una situación es una oportunidad; pero no llego a aceptarla pensando «Calma, todo a su tiempo, calma». Muchas personas me dicen: «Te aíslas». Entonces, ¿cómo puedo sentir la conspiración del universo?***

Si tú te das cuenta de que se te ha presentado alguna oportunidad, ya puedes dar gracias por haberla percibido, pues muchas personas no son conscientes de ello. Pero nada se adelanta si tú no la coges y haces valer esa oportunidad que se te presenta. Recuerda que no volverá, porque es única. Es posible que tengas otras oportunidades, pero nunca serán la misma. Pregúntate cómo te sentirías haciendo tal cosa o viviendo tal situación, y siente en tu cuerpo la respuesta. Si obtuvieras una sensación favorable, sería una respuesta positiva; si, por el contrario, siente desazón tal vez no sea una buena idea.

Otro punto es ver si tal situación va a afectar a más personas y si ellas se beneficiarán también. Porque, en el caso de que alguien fuera a salir perjudicado, tampoco sería una buena idea. Cuando aparece una oportunidad en nuestra vida, te corresponde a ti medir tus causas y consecuencias; y decidir si vale o no la pena, pues solamente tú vivirás esa decisión. Y si al privarte de un sueño por otra persona, vas a dejar de vivirlo definitivamente. Tú puedes practicar Ho'oponopono cuando se te presente una situación así; y si tras la purificación esa oportunidad sigue presentándose en tu mente querrá decir que, de hecho, es una inspiración. El doctor Hew Len hace una purificación tres veces, y si después de la tercera la oportunidad, o la idea, todavía sigue, presentándose, él la lleva a la práctica. Además de eso, tú también puedes buscar ayuda en otras técnicas energéticas que te suministren alguna información sobre esa determinada oportunidad, ya sea con el tarot o con los oráculos.

✔ ***Tú hablas de reflexionar sobre el propio pensamiento. ¿Y cómo se puede pensar sin culpabilizarte?***

Cuando tú reflexiones sobre un pensamiento, en primer lugar es importante aceptarlo. Es necesario entender que se trata de un punto de vista rápido, que está basado en tus recuerdos, en la forma de vivir a la que estás acostumbrado. Pero con el paso del tiempo, y con la ayuda del estudio y del autoconocimiento, puedes ir analizando ese pensamiento y percibiendo si existen otras visiones del mismo asunto; si existen opiniones diferentes u otras formas de actuar que serían más convenientes para ese determinado tema. Con esta aceptación y flexibilidad podrás ir evolucionando, cambiando de forma gradual tu manera de pensar, ya que ningún cambio se produce de modo repentino. Recuerda que nosotros no somos nuestros pensamientos, y que simplemente los vivimos, tanto a ellos como a nuestras sensaciones, en este cuerpo que es el instrumento que tenemos para estar en la tercera dimensión. De esta forma, sabiendo que tú no eres su pensamiento, puedes «salir» de él. Durante la meditación coloca esos pensamientos en una nube que está pasando; de ese modo facilitas el proceso de vaciar la mente, aproximándote al estado de «vacío». Con el tiempo este proceso de vaciar la mente se volverá automático. El pensamiento es la base de la creación, y a partir de él sentimos y actuamos. Es importante que al aprender algo, o al tomar conciencia de algo nuevo no se culpe por lo sucedido en el pasado, pues estamos evolucionando; debemos respetar el nivel de conciencia en que nos encontramos cuando actuamos.

✔ ***¿Se puede practicar Ho'oponopono para prevenir las expectativas y ansiedades que tienen otros respecto a nosotros?***

Cuando te preguntas si puedes hacer Ho'oponopono para algo, es porque has sentido la necesidad de practicarlo para algo concreto que te molesta; es decir, es bueno practicarlo para aquello que deseas y, principalmente, para lo que pueda molestarte en tu ser íntimo. Aprovecha los sentimientos que surgen en ti para purificarlos. Todo problema que surge en nuestra mente superficial te está ofreciendo la oportunidad de ser trabajado. Define el problema y practica en seguida Ho'oponopono de la Identidad Propia (repetición de «Lo siento mucho, perdóname, te amo, gracias»), para que actúe sobre las sensaciones y los sentimientos que este problema te está ocasionando. Limpiamos la parte del otro que está en nosotros a partir de los sentimientos y las sensaciones que sentimos, y que muchas veces absorbemos, o que simplemente percibimos en el otro.

✔ ***¿Podemos practicar Ho'oponopono en relación con nuestras propias expectativas y ansiedades?***

Sí, puedes practicarlo. Cuando se tiene una intuición de algo es importante poner atención en las acciones presentes, y mantener un distanciamiento de lo que se desea. No se trata de que desistas de tu objetivo, sino de desapegarte de él. De este modo no tendrás miedo, expectativa, ansiedad e inseguridad. Eso quiere decir que se confía en el verdadero Yo y en la Divinidad. Haz de la certeza tu aliada, colocándote en las manos del Creador, y de esta forma abre espacio para las soluciones y oportunidades que puedan surgir.

✔ ***¿No es lo mismo desear que tener expectativas? ¿Por qué no debemos tener expectativas?***

No, no es lo mismo. Cuando tenemos un deseo, estamos anhelando algo para nuestra propia satisfacción. La expectativa se crea por encima de nuestros deseos; y si la alimentamos, reafirmamos el sentimiento de falta de aquello que deseamos. Y es el sentimiento que tenemos el que determina nuestra realidad actual; es decir, la expectativa genera ansiedad y fortalece el sentimiento de no posesión.

✔ ***Y entonces, ¿cómo desear sin esperar a que se realice el deseo?***

Fíjate bien; no se trata de esperar por la realización del deseo, sino de no crear expectativas sobre él. Voy a explicarte la diferencia. Cuando creas expectativas, estás esperando una respuesta, un resultado que ya sabes lo que es. Además de que estás afirmando la falta de aquello que deseas, y, fortaleciéndola, sigues teniendo una idea fija en él; de esta forma no estás dando lugar a la divinidad para que actúe libremente. El Poder Divino puede mostrar una solución, un camino o una realización que no estaba en tu mente. Sin contar que con tu expectativa tú impides que el Universo actúe movilizando energías y situaciones favorables a la situación, pues ya definiste tu deseo, y de este modo la respuesta queda inflexible. Ahora bien, desear la realización de un deseo es algo saludable, creer en él, tener fe; inclusive en las meditaciones de Ho'oponopono lo agradecemos como si ya lo hubiésemos obtenido. Pero además de orar es importante actuar en dirección al deseo adecuando las condiciones favorables, pero distanciándose de él, sin apegarse a él ni mantener expectativas. La respuesta puede venir de una dirección diferente de la que se estaba esperando; y muchas veces es mejor de lo que se deseaba, pues el Universo es sabio.

✔ ***¿Cuántas veces, o cuánto tiempo debo practicar el mantra para determinadas situaciones hasta resolverlas?***

Esta es una pregunta muy frecuente en los practicantes que se están iniciando. No existe un determinado número de veces para repetir el mantra. Puedes repetirlo muchas veces seguidas en determinados momentos; o bien, en otros tú puedes interiorizarte con tu sentimiento y repetir el mantra una, o varias veces, muy despacio y sintiendo las palabras para liberarte de los pensamientos o los sentimientos no deseados. Depende mucho de cada situación. Cuando se trata de un problema o de un objetivo más complejo, es importante elaborar la frase que explica el problema, y encontrar un momento de silencio y quietud. Repite el mantra hasta que sientas que desaparecen la emoción o la sensación que tienes por dentro sobre determinado asunto. Normalmente yo siento una sensación del quinto elemento, el éter de la conexión. Cuando tú dices la frase una vez, y después repites el mantra, estás vaciando tu mente, estableces el contacto con la Divinidad a través de nuestro Yo superior, y entregas el problema al Universo en agradecimiento. En un determinado momento, cuando te encuentres meditando, visualízate con el deseo realizado y siente un profundo agradecimiento. Hazlo siempre que puedas y siente la necesidad; no te ates a los resultados, no crees expectativas, reca, ten fe y, al mismo tiempo, distánciate. Coloca la energía en el presente, pero apártate de esperanzas y resultados. No «sofoques» tu deseo. Hay personas que acostumbran a utilizar un rosario de ciento ocho cuentas para repetir el mantra, y están cerca de diez minutos repitiéndolo; funciona muy bien.

✔ ***¿Puedo practicar Ho'oponopono para una persona que está sufriendo alguna enfermedad, y de la cual yo acabo «absorbiendo» su sufrimiento?***

Sí. Como ya dije antes, cuando te preguntas si puedes, es porque ya estás sintiendo la necesidad de hacerlo. Todos nos encontramos dentro de un inmenso campo cuántico, y absorbemos pensamientos, sentimientos y sensaciones de otras personas. Todos nos encontramos interligados. Se puede hacer Ho'oponopono para tus sensaciones en relación con otras personas, o con las sensaciones o pensamientos que la persona tenga y que afloren dentro de ti. Por eso decimos que limpiamos en nosotros la parte del otro que está en nosotros.

✔ ***¿Cómo liberarse del sentimiento de dolor, cuando veo que una persona va a fallecer?***

Es importante aceptar los hechos tal y como son. Nada se sabe del karma de las personas referidas. También sabemos que existe vida después de la muerte, y que se trata de una nueva etapa de la evolución del espíritu, y que es un ciclo por el que todos pasamos. Puedes utilizar la técnica para trascender el sentimiento de dolor y de pena; de este modo incluso podrás ayudar a los parientes y al propio espíritu del que se fue. Es importante que nos acordemos de que somos seres espirituales que tienen una experiencia humana; y también seres humanos que tienen una experiencia espiritual. Siendo así, con la muerte el espíritu se va a liberar del cuerpo.

✔ ***¿Cómo practicar Ho'oponopono para disminuir la rabia o el malestar que una persona me hace sentir? ¿En el caso concreto del sentimiento de malestar?***

Tú puedes utilizar la oración para la curación de relaciones de Mornah Simeona. También puedes repetir las frases del Ho'oponopono de la Identidad Propia para aquellos sentimientos que surgen al ver o pensar en esa determinada persona.

✔ ***¿Por qué existen personas que no nos gustan a primera vista?***

Existe la posibilidad de que esa persona a la que rechazas en un primer momento tenga una sombra parecida a la tuya. En el caso de que poseáis emociones negativas en común, arrastráis un mismo tipo de bloqueo que estará vibrando en un determinado chakra. Al encontrarse, los bloqueos en común que se encontraban en estado latente se reconocen y vibran haciendo que vosotros os encontréis incómodas. Otra posibilidad puede ser la de sentir alguna implicación con esa determinada persona por el motivo que sea —una sofocación o un prejuicio en el momento—; en ese caso tú emitirás en tu campo cuántico una energía de rechazo al otro que este sentirá de forma inconsciente, y que tendrá un reacción comparable, aunque no sea muy perceptible. La reacción puede ser muy sutil, incluso en términos energéticos. Cuando se produce esta situación entre dos personas, muchas veces se origina un recuerdo en relación con temas que pueden ser transmutados. Tú puedes experimentar un «desarme» antes de encontrarte con una persona hacia la que sientes rechazo; de esta forma podrás comprobar que la interacción entre vosotros será diferente. Si el recuerdo estuviese muy enraizado, irá mejorando, cada vez más, con la práctica de Ho'oponopono, y asimismo irá cambiando tu patrón de pensamiento en relación con esa determinada persona.

✔ ***¿Se puede hacer Ho'oponopono, conjuntamente con una aplicación de Reiki o de Bioenergética, incluso sin saber exactamente el problema del otro, sino simplemente por las sensaciones que se han sentido y percibido?***

Sí. Tú puedes ir repitiendo el mantra en tu mente, o bien hablando bajo si encuentras el momento oportuno.

✔ ***Cuando surgen las ideas o inspiraciones divinas y no se ponen en práctica en el momento, ¿podemos considerar que el inconsciente nos está boicoteando?***

Sí. Puede haber algún recuerdo que bloquee la acción. Es posible que tú no te sientas capaz, o que pienses que no vas a conseguir hacer determinada cosa; pero se pueden utilizar los ejercicios para vencer ese bloqueo.

✔ ***¿Qué es lo que constituye la esencia del Ho'oponopono?***

La esencia estriba en cambiar tu línea de pensamiento, transmutar las emociones que hay en tu interior a través de la meditación y de la oración; y de este modo transmutar tu realidad. El punto clave es la responsabilidad de pensar o de evitar pensamientos limitadores. El Ho'oponopono ayuda a cambiar la mente del pensador.

✔ ***Una de las promesas de Ho'oponopono es la realización de los deseos que todavía no han sido logrados, ya se refieran a la vida afectiva, profesional o, incluso, a conquistas materiales. La promesa de suplir una escasez. Habla más sobre eso.***

Cuando despertamos al ser, reconocemos que hemos contemplado de forma inconsciente y distraída la condición de escasez (de cualquier cosa que haya en nuestra vida). Es a través de esa concienciación que nos entregamos; por el simple hecho de desconocer el motivo de que está sucediendo un cambio para mejorar, un sentimiento de una abundancia que ya estaba en nosotros, pero que todavía no se había manifestado. Esa ausencia de manifestación se debe a que no nos encontrábamos alineados con la Fuente de Abundancia que hay en nosotros; y por la creencia de que no tenemos oportunidades, de que no merecemos, de que somos incapaces, y otras pensamientos de la misma índole. Esos son los patrones que tratan de afirmar la situación negativa; pero a través de ese esfuerzo solamente están reforzando la circunstancia, pues constituye la afirmación de la escasez, de que falta algo; unos recuerdos que, en sí mismos, pretenden buscar una solución de curación. Esos pensamientos constituyen tan solo pasatiempos que distraen a la persona de la auténtica concienciación de sí misma.

✔ ***La frase «La paz comienza en ti» es muy conocida. ¿En qué momento sentimos que la paz comienza en nosotros?***

La paz no es una condición que comience en determinado momento, o a partir de una persona en concreto. Estas expresiones no son la mejor manera de explicar esta búsqueda de la paz. En realidad, la paz no comienza porque se encuentra dentro de nosotros; y cuanto más nos conocemos y nos aproximamos a nuestra esencia más cerca nos encontraremos de la paz. Encontramos la paz del Yo en nosotros. A través de la meditación podemos sentir esta paz; y este es el verdadero Ser, el verdadero Yo que se encuentra en su esencia.

✔ ***Existen talleres en los que el orador afirma: «Tú eres cien por cien responsable de todo lo que se encuentra a tu alrededor». No solamente por tus propios actos, sino también por los de las otras personas. Si te sucedió algo es tu responsabilidad. Si hubo algún problema en algún lugar y tuviste conocimiento de él, también será culpa tuya. Muchos alumnos al oír esto se revolvían y replicaban. Pero la respuesta que obteníamos era que para que el Ho'oponopono funcionase era necesario sencillamente aceptar. ¿Cómo funciona eso? ¿Lo que está en el otro también está en mí?***

En primer lugar, me gustaría decir que eso no es verdad. Si alguien cometió un delito y tú lo viste en el periódico, la responsabilidad no es tuya. Si una persona que tú conoces comete un robo, eso no quiere decir que tú seas responsable de que tal persona robe. Vamos a reflexionar sobre algunos puntos. Recordando los principios de Ho'oponopono que hablan de responsabilidad, encontramos: Soy cien por cien responsable de la creación de mi universo fisico de la forma que es; soy cien por cien responsable de corregir los pensamientos destructivos que crean una realidad enferma. Otros principios dicen que si tienes pensamientos de amor atraerás una realidad repleta de amor, y que si tienes pensamientos destructivos atraerás una realidad física destructiva. Así pues, el punto clave es que atraemos lo que pensamos, sabemos que existe la Ley de Atracción. Lo que está en el otro y que también está en ti son recuerdos que incluyen juicios. Las personas presentan diferentes patrones de conducta, y vemos claramente que dos personalidades opuestas no consiguen actuar la una como la otra. Si una persona es muy tímida, no va a encontrar en sí misma la extroversión de un presentador de televisión, o de una bailarina, por ejemplo. Es necesario limpiar el YO que juzga. El juicio no deja de ser un pensamiento negativo, y, si lo pensó, puede atraer. La responsabilidad radica en ti que has de purificar ese comportamiento juzgador, y también las emociones que estés compartiendo con los problemas. Lo que sientes sobre determinada situación tendrá la responsabilidad de purificarse dentro de ti mismo, para no crear más situaciones similares a la que vio. Es como asistir a las tragedias que lees en los periódicos; las personas continúan creando realidades enfermas al vibrar con ellas.

✔ ***Es corriente escuchar que «Ves en el otro lo que llevas en tu interior». ¿Qué relación podemos establecer, en lo que se refiere a la responsabilidad, con esta frase? ¿Es correcta esta afirmación?***

La frase es correcta, pues lo que tú estás viendo en el otro son los juicios que existen de recuerdos que tú poseíste. Es difícil que entreveamos algo que no pertenezca a nuestra realidad. Es una frase que hace referencia al famoso «espejo», que refleja en el otro alguna característica que forma parte de ti. De nuevo se trata de un caso de enjuiciamiento. Si tú realizas una limpieza de tales juicios, pasarías a tener una mejor experiencia, libre de sentimientos que puedan resultar perjudiciales, colocándolo en una posición de víctima.

✔ ***¿Quieres decir entonces que los patrones del que juzga atraen una realidad de víctima?***

Sí. Pero también se puede decir que la víctima tiene un patrón de juez. Son personas que tienen pensamientos negativos y actitudes autoderrotistas inconscientes que ya fueron predeterminadas por su propio pensamiento, llevándolas a un resultado negativo. La víctima recibe del mundo exterior la respuesta de lo que envía a él. Si crees que no gustas a los demás, te sientes intimidada.

✔ ***¿Y cómo se forma una personalidad de víctima? Al ser muchas las personas que juzgan, ¿serían todas víctimas?***

No es así necesariamente. La víctima se sitúa en el lugar del que se aflige pensando que el mundo es injusto, o que no es merecedor. Este patrón, que es muy frecuente, se puede fortalecer a partir de una situación real en la cual la persona fue la diana de unas circunstancias desgraciadas, o bien se produjo una intervención de terceras personas. A partir de ahí entra en juego la forma en que el sujeto va a interpretar los hechos y a comportarse en las siguientes ocasiones, pudiendo llegar incluso a una cristalización de la mentalidad de la víctima; de este modo la persona responderá a nuevas situaciones, ya se trate de obstáculos y divergencias o de equívocos, de acuerdo con el contexto que vivió en el pasado. De esta forma se van enraizando los pensamientos erróneos de la mentalidad de la víctima, condensando la personalidad en este círculo vicioso que atraerá, cada vez más, a las situaciones negativas.

La condición de la víctima también se puede crear cuando los padres solamente prestan atención al niño cuando está enfermo, o cuando llora. Así pues, queda claro que nadie es víctima, que nadie nace víctima. La persona se hace o se sitúa en la condición de víctima en la que ella misma se colocó, basándose en hechos ocurridos a lo largo de la vida, hechos que constituyen sus recuerdos. Por consiguiente, si la persona quisiera abandonar esta realidad y tomar las riendas de su propia vida, necesita limpiar esos recuerdos. Se trata simplemente de querer. Es un patrón muy sencillo de modificar siempre que la persona quiera cambiarlo, pero muy difícil si no quiere y encuentra más fácil colocar la responsabilidad en las manos de terceros, o si piensa que es incapaz de abandonar esa conducta. Para empezar, la víctima debe asumir la responsabilidad de que es ella la causante de la mayor parte de sus problemas personales.

✔ ***¿Qué es la ley de la permisividad? ¿Qué relación tienes con Ho'oponopono?***

La ley de la permisividad, o de la permisión, es muy fácil de explicar y de comprender; pero no siempre es fácil vivirla, dado que siempre existen deseos en juego.

Esta ley habla de entregar sus deseos personales a la conciencia universal, y permitir que sea el universo el que se manifieste por ti, o te facilite la comprensión; se trata de entregar sus pensamientos al universo y fortalecerlos con su deseo personal. Es, simplemente, permitir que sea el universo el que trabaje a tu favor, sin que tú intervengas. Parece algo sencillo, pero a partir del momento en que tú tienes esperanzas y expectativas, no estás permitiendo que actúe libremente el universo. Cuantas mayores sean tus esperanzas por el cumplimiento de tu deseo más intentarás controlar y manipular los resultados, lo que acaba por retardar la manifestación de los mismos. Esta ley se encuentra íntimamente ligada al Ho'oponopono, teniendo en cuenta que en esta técnica lo que hacemos en primer lugar es meditar y orar para limpiar los recuerdos, dejando el camino libre para que se produzca la conexión entre la persona y el universo. A partir de ahí se entrega el pensamiento, fortalecido con el deseo, a la conciencia universal. Y es importante que confiemos en que el universo es sabio; por lo que no hemos de albergar expectativas ni deseos de controlar los resultados.

✔ ***En su curso usted mencionó que debemos actuar en dirección a la consecución de nuestros objetivos. ¿Sería una forma de actuar el controlar y manipular los resultados?***

No sería la misma forma de actuación que la que yo menciono, porque controlar y manipular son acciones de tipo racional, en las que la persona piensa mucho en lo que hace y actúa de acuerdo con su mente racional, o bien actúa de acuerdo con ciertos intereses personales. La persona quiere dirigir el resultado, y por eso se dice que de esa manera se puede retardar la solución que el universo tiene dispuesto para ella. Es importante actuar, pero en el momento oportuno, con cautela, de acuerdo con el flujo de la vida y con la intuición. El control puede hacerse no solamente a través de la acción práctica, ya que puede tratarse de una expectativa mental, lo cual ahoga el deseo e interfiere en la manifestación universal. Por ejemplo, tú tienes un deseo, pensaste en él, con pensamiento y energía; ese pensamiento tiene color, forma y ocupa un lugar en el espacio; siendo así, tú lo lanzaste al universo, pero no te propusiste encontrar rápidamente tu propia respuesta, procurando hallar soluciones, independientemente de que se trate de una respuesta o una situación.

De repente, y de forma natural, surge la oportunidad que tú esperabas, pues ella entró en sintonía con tu deseo.

A partir del momento en que surge la oportunidad tú debes actuar para tomarla y hacerla efectiva. De acuerdo con Deepak Chopra eso tiene mucho que ver con la ley del mínimo esfuerzo, en la cual tú tienes un deseo y al estar conectado con la fuente y viviendo con las leyes divinas, tus deseos te llegan a ti de forma natural, sin mucho trabajo ni esfuerzo. Ahora bien, si la oportunidad no surgió, el hecho se puede entender de dos formas: una es que todavía no ha llegado el momento oportuno para ella; la otra es que debes intentarla con tu propio esfuerzo, colocando y focalizando energía en tu objetivo para conseguirla. En ocasiones, cuando se acepta que no es el momento, desaparece la expectativa que se tenía, y el universo consigue actuar. Es el caso de las innumerables tentativas que tienen ciertas mujeres para quedarse embarazadas, a las que en el momento en que dejan de pensar en eso, les llega la oportunidad de forma natural y se quedan embarazadas de repente.

✔ ***¿Existe curación para los defectos físicos con Ho'oponopono?***

En realidad, con Ho'oponopono no buscamos directamente un resultado. Lo que buscamos es limpiar los sentimientos. En aquellos casos relacionados con defectos físicos, hemos de limpiar los sentimientos que tenemos con respecto a ellos, despreocupándonos de posibles resultados. Y es a partir de ese desapego desde cuando tú te podrás librar de algo que te incomoda. Este cambio se producirá en la manera que tengas de ver el problema. Si se modificara la opinión que tienes en relación con él, puede que deje de ser un problema, puesto que eres tú quien crea su realidad. Lo que es verdad para ti puede no serlo para otra persona que vive la misma situación. Además de eso, tú puedes neutralizar la parte negativa que tienes con esa dolencia, dejando libre el camino para la conexión con el Universo. Es decir, ten fe en que el Universo encontrará la mejor respuesta a su problema, aunque sea físico.

✔ ***¿Por qué es importante el perdón?***

El perdón es la senda necesaria para liberar las emociones y las energías que están condensadas, y que bloquean el camino de la vida de la persona en diferentes aspectos. Si la emoción está bloqueando es porque se encuentra activa en la vida de la persona. Los temas relacionados con esa situación están golpeando, y la persona se encuentra prisionera del pasado. A través del perdón puede liberarse el pasado y la vida se hace más liviana, con mayor calidad y abierta a buenas experiencias. Si tú no te liberas de estas emociones ni las transmutas con amor, ese sentimiento continuará enviando informaciones al Universo. Además de esto, el perdón es el camino hacia el amor.

✔ ***¿Es correcto pensar que el perdón y el amor tienen una fuerte conexión?***

Sí, muy fuerte. Debemos amar al prójimo como a nosotros mismos, pero antes hemos de perdonarlos como nos perdonaríamos a nosotros. Hemos de perdonar nuestros errores, y también a las personas. Si nos hemos equivocado, fue porque no teníamos una conciencia total de nuestra actitud. Al adquirir una visión y una expansión de conciencia elevada, la persona pasa a actuar de otra forma, con más sabiduría, partiendo del conocimiento adquirido por medio del estudio y la experiencia. Por ello no debe atarse a los errores pasados, ellos formaron parte de su aprendizaje. Lo que hoy eres se debe en parte a los errores y aciertos que tuviste, y de esa manera conseguiste la sabiduría. Por consiguiente, es importante perdonar a fin de conseguir liberarse de lo que ya no es válido; deja, así pues, lo aprendido. También es importante perdonar para aprender a amarse verdaderamente. De este modo la persona pasa a respetarse, a honrarse y actuar cada vez más de acuerdo con las leyes espirituales. Actuando de acuerdo con ellas la vida va ganando un ritmo natural de evolución; la persona pasa a vivir en el flujo de su vida y adquiere sabiduría de diferentes maneras. Claro que siempre es importante estar atento a los pensamientos, a los sentimientos y a las actitudes para no decaer; pero a partir del momento en el que la persona despierta, en que tiene conciencia de su esencia, se mantendrá atenta a sus pasos. Como dice Osho: «El amor no es una relación entre dos personas; es un estado de espíritu dentro de uno mismo».

✔ ***¿Es posible hacer desaparecer un quiste con Ho'oponopono?***

Sí, es posible. De la misma forma que es posible hacer desaparecer un tumor. Todo depende de la determinación y de la fe que ponga la persona en sus oraciones. De todas formas, vuelvo a repetir que es necesario practicar y tener fe; el Universo aportará el mejor resultado para ti en ese momento. Para que se produzca un cambio en el resultado, es preciso cambiar de conducta, pues si continúa actuando como antes puede volver a tener el mismo problema. En mi caso he visto cómo desaparecía en un mes el tumor cerebral de una persona, gracias a la práctica de Ho'oponopono. Otra cosa que puede auxiliar en estos procesos de curación física es la alimentación natural. Elige un buen terapeuta en medicina china para que te oriente en este caso, al igual que en muchos otros de dolencias físicas, porque harías una excelente elección.

✔ *¿Qué quiere decir «con el mejor resultado que el Universo traiga en este momento»?*

Puede ser que tú te cures, o puede ser que no. También puede ocurrir que además de la curación consigas algo más. Todo tiene su momento, su motivo, su tiempo adecuado. Mientras tanto, confía en la Divinidad: ponte en sus manos y ora repitiendo los mantras, y muestra agradecimiento. Es posible que en ocasiones no logres entender alguna respuesta, o pensar que fuese de otra manera; pero con el paso del tiempo llegarás a ver que lo que te ha sucedido fue lo mejor para ti. Acepta lo que te haya sido concedido.

✔ *El motivo a que se refiere ¿tiene que ver con el karma?*

Sí. Puede existir un karma para esa persona o para su familia, siendo necesario que pase por una determinada situación para lograr un crecimiento personal o, simplemente, para poder rescatar algo.

✔ *Para esta situación ¿es también bueno repetir el mantra?*

Sí. Puede haber un karma para la persona o para la familia. Es posible que se tenga que pasar por alguna situación para lograr un crecimiento o, simplemente, para poder rescatar alguna cosa.

✔ *Y para esta situación ¿es también acertado repetir el mantra?*

Para cualquier situación puedes repetir el mantra. Solicita limpiar tu Divinidad interior por medio de las frases «Lo siento mucho, perdóname, te amo, gracias», situándolas por encima de todos los sentimientos que fueran surgiendo, e incluso de los que no surjan; de todo aquello que venga a tu mente y que precisa ser limpiado. También es importante modificar aquellos patrones mentales que atraen cosas negativas a tu vida, romper paradigmas, conceptos equivocados que puedes haber solidificado. A partir del momento en que cambies tu patrón de pensamiento, mejora tu patrón vibratorio, te perdones a ti mismo y perdones al otro, manifestando un amor interior por la vida, tanto por la tuya como por la de los demás, todo se transforma.

✔ *¿Puede ayudar el Ho'oponopono en casos de celos?*

Sí, y mucho. Los celos son un sentimiento inferior generado a partir de un pensamiento. Este pensamiento generalmente acontece de forma natural, casi automática, pues procede de un patrón, de un recuerdo de la persona. Este recuerdo puede haberse instalado en el sujeto desde la estancia en el vientre materno, puede haber sido traído de la personalidad de otra vida, o haber sido adquirido por la persona durante su vida presente por algún tipo de relación, bien sea con los padres o con otros familiares. Cuando la persona quiere hacer Ho'oponopono para contrarrestar este sentimiento, es porque los celos han llegado a un punto patológico, dejando de ser lo que normalmente llamamos «celos saludables». El proceso comienza en el instante en que los celos brotan, momento en que se debe trabajar sobre ellos. Al poco tiempo el patrón comienza a modificarse. En un primer paso la persona va aprendiendo a enfrentarse a ese sentimiento; después va dejando de sentir celos en aquellas situaciones que anteriormente los habría sentido hasta, finalmente, llegar a un punto en que logra trascender los celos que le dominaban. No es que nunca más vaya a sentirlos, pero logra llegar a un tipo de celos saludables.

✔ *¿Cómo puedo cambiar a alguien?*

Solamente se puede cambiar a alguien cambiándose a sí mismo. Tú trabajas al otro a través de tu Yo. Date cuenta de que eres precisamente tú quien atrae a las otras personas a su propia vida. Eres tú quien atrae todas tus relaciones a tu entorno, ya sea en el ámbito sentimental, laboral, profesional, etc. Piensa en alguien que actualmente te esté molestando, alguien a quien podrías hacer algún tipo de reclamación, reflexiona sobre esas quejas y percibe cuánto de eso mismo ya lo practicaste en algún momento de tu vida. Principalmente en aquellas situaciones en las que ahora se encuentra la otra persona. Por ejemplo: cuando eras empleado hacías algo que ahora, que eres jefe, ves que hace lo mismo un empleado que tienes a tu cargo. Percibe que, en cierta medida, existe alguna similitud. De nada sirve disculpar a esa persona, porque eso no solucionará la situación. Tienes que cambiar ese rasgo de tu conducta y, después, la otra persona también cambiará; o bien saldrá de tu vida, ya que vosotros no estáis en sintonía. Este es el punto primordial del Ho'oponopono de la identidad propia: trabajar en uno aquello que le molesta en el otro, o aquello que el otro le está exigiendo hacer.

✔ *¿Puede utilizarse el Ho'oponopono en el ansia por la comida?*

Sí. El hecho de que tú te preguntes si puedes aplicar esta técnica para mejorar alguna deficiencia tuya, estarás demostrando que existe en ti la voluntad de limpiar algún tipo de recuerdo, ya se trate de pensamientos, sentimientos, acciones pasadas o presentes, etc. Siendo esto así, debes aplicar Ho'oponopono. Si piensas en utilizar esta técnica para algo, en lugar de gastar energía dudándolo, ponla en práctica. En el caso de la ansiedad que sientes por la comida, utiliza la técnica en este problema que te molesta. Recuerda también que es importante actuar, ponerse un límite a la hora de comer. Procura masticar convenientemente y saborear los alimentos, sintiendo su contacto en la lengua y respirando bien cuando masticas. También es muy interesante practicar la respiración Ha (método de acumulación de energía vital), cosa muy interesante en el caso de la ansiedad, ya que respirar más profundamente puede aliviar el estrés. Todo ello te va a preparar para hacer una relajación de cinco minutos diarios, que te servirá para establecer una gran diferencia en tu vida. Tras practicar la respiración Ha, si tuvieras tiempo para establecer una conexión entre Tierra y Cielo, imaginando la raíz que te une al centro del planeta, que pasa a través de ti y llega a un punto del universo, percibirás cómo logras trascender el ego, sintiendo sencillamente el Ser en ese momento y un estado de tranquilidad, carente de ansiedad. Todo eso puede ayudarte.

✔ *¿El dolor frecuente de garganta está relacionado con el ego?*

Puede ser que sí, como puede ser que no. En este caso el desequilibrio del chakra laríngeo y la baja inmunidad que también está relacionada con los chakras cardíacos y del plexo solar, suelen producir dolor de garganta. Resulta importante hallar el equilibrio energético, al igual que el alineamiento de los chakras. La autoaplicación de Reiki es esencial, especialmente en el caso de aquellas personas que aplican Reiki en los demás. El hecho de aplicar energía y atender a otras personas puede aumentar el desequilibrio energético, si tú no te mantienes constantemente energizado. Al prestar ese servicio, acuérdate de buscar el estado alfa y mantenerte relajado para no atraer hacia ti las impurezas y las energías negativas de las que va a librar a esa persona. Procura también protegerte por otros medios; utiliza cristales en la sala de limpieza, lleva una turmalina en el bolsillo, y atiende a tu cliente, siempre que te sea posible, descalzo, haciendo las debidas protecciones mentales y utilizando los símbolos del Reiki.

✔ ***¿Durante cuánto tiempo debo repetir el mantra para un problema específico?***

Esta pregunta encierra una de las grandes dudas para los practicantes de Ho'oponopono, pues la respuesta no se visualiza realmente tras haber hecho el ejercicio, y por ello surge este interrogante con mucha frecuencia. Cada problema necesitará su debido tiempo. Si se tratase de un pensamiento, de un sentimiento o de una sensación tenida por el practicante, se puede producir alivio o una desconexión del problema una vez que se haya hecho el ejercicio. En cuanto al sentimiento que se produjo a causa de algún acontecimiento en el que tuvo que ver la parte emocional del practicante, es importante que él realice la técnica, a fin de no mantener ningún bloqueo energético que pueda crear vibraciones y atraer más problemas. En el caso de que tengas algún problema más grave, de tipo de relación personal o financiero, será necesaria una mayor demanda de la práctica. En el momento en que estuvieras practicando déjate fluir, muéstrate de forma natural y no hagas el ejercicio por obligación, no trates de nadar contra corriente. Una propuesta es practicar hasta el momento en que compruebes que el problema ha quedado resuelto.

Cuando se trata de un problema más grave, lo ideal es practicar durante algunos días seguidos, si fuera posible a la misma hora y en el mismo sitio; si eso no le fuera factible hágalo como pueda, pero no se olvide que lo mejor es practicar. Tú puedes establecer siete días de Ho'oponopono para un determinado problema, y esperar los resultados; queda a tu criterio.

Tanto si se trata de un problema más sencillo o más grave, lo que siempre es importante es acordarse de entregar ese problema a la Fuente, a Dios. Eso demostrará tu fe y tu conexión vertical; es decir, tu conexión con la Fuente. Realiza en esa entrega el tercer estadio del despertar que propone Joe Vitale: la rendición. No quieras controlar el resultado. Con el paso de un tiempo que no lo establecemos nosotros, podrás apreciar señales que apuntan al resultado de tu práctica. Lo importante es perdonar siempre y vibrar con amor. De este modo estaremos en una frecuencia superior a cualquier problema o sentimiento negativo.

✔ ***Explica el concepto de la sintonía de una forma más profunda***

De acuerdo con el diccionario, *sintonía* significa «Estado de dos sistemas susceptibles de emitir y recibir oscilaciones radioeléctricas de la misma frecuencia». Y el término tiene como sinónimos *acuerdo*, *armonía*, *concordancia* y *entendimiento*.

Cuando digo que un bloqueo energético puede entrar en sintonía con algún acontecimiento que tiene en esencia alguna energía similar, quiero decir que ambos poseen una concordancia, una armonía entre sí. Pueden poseer una extensión de onda similar que permita este acuerdo.

✔ ***Entiendo que los recuerdos existentes atraen otros recuerdos por sintonía***

Este comentario que escribió un alumno es correcto. Es la actuación de la Ley de la Atracción. Además de ello, podemos dar otra explicación de este comentario. Un recuerdo puede llevar a que la persona actúe de una determinada manera que le aporte más problemas. Un nuevo problema, a su vez, puede traerte un nuevo recuerdo. No necesariamente los dos recuerdos necesitan ser iguales, pero ellos se identifican, existe sintonía entre ellos y se produce una conexión entre ambos. Existen estudios científicos sobre este tema.

Imagínate que existe una determina jerarquía entre estos dos recuerdos. Si tú trabajas el recuerdo más reciente, transmutándolo, podrá recordar con mayor facilidad el otro recuerdo más antiguo que se encuentra relacionado con él, y al traerlo al nivel consciente también puede transmutarlo. Si consigues trabajar y transmutar un recuerdo más antiguo, que posee raíces en los nuevos recuerdos que se fueron formando a partir de aquellos, conseguirás desconectar los recuerdos-raíces, desactivándolos de su aura, adquiriendo una mente más limpia, empobreciendo su mente reactiva (piensa y actúa a partir de los recuerdos), y fortaleciendo su mente analítica (mente más racional y sabia).

Ejemplo figurativo: recuerdos = 

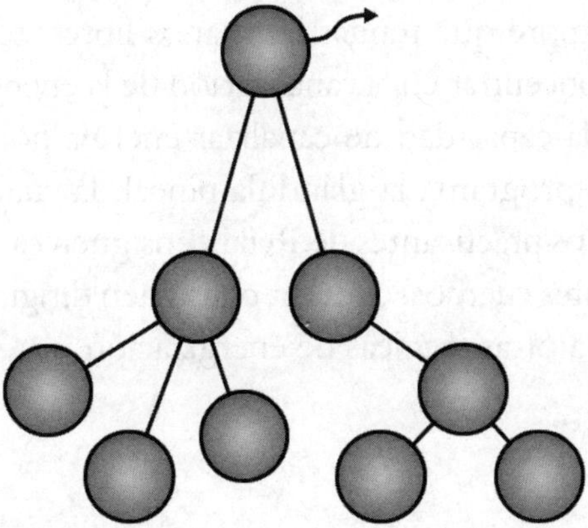

Si fuera trascendida la carga energética de este recuerdo más antiguo, puede eliminar la carga de los otros recuerdos que fueron atraídos por la carga motivacional del primer recuerdo.

✔ *¿Logro mirar a la persona en el ahora, sin utilizar el recuerdo del pasado, cuando no juzgo?*

Depende. Ya que puedes encontrarte influenciado por recuerdos en el momento presente. Aunque no estés juzgando, todavía puede haber recuerdos. Es importante practicar el Ho'oponopono para cualquier recuerdo que tengas de la persona. La oración de Mornah Simeona está indicada en este caso, para que de tal forma purifiques cualquiera que sea el bloqueo energético existente entre tú y la persona en cuestión. En el momento presente podrás sentir cambios en tus acciones, y también en la persona y en sus respectivas auras. El hecho de no juzgar siempre es importante para que no hagas elecciones y acciones equivocadas; o para que no generes ideas erróneas sobre la persona.

✔ ¿Cuál es la diferencia entre pase y Reiki?

En el pase existe un auxilio espiritual para que la persona canalice energía. La persona que hace el pase debe estar instruida y preparada energéticamente para eso. La práctica del pase se realiza en los centros espirituales. El Reiki es una técnica japonesa que puede practicarse en distintos locales, siempre que tengas las manos libres, te muestres lúcido y te puedas concentrar en la canalización de la energía. En el Reiki se adquiere la capacidad de canalizar energía por medio de una iniciación que programa la glándula pineal, la cual contiene cristales de apatita. Los practicantes de Reiki consiguen canalizar energía para los diferentes cuerpos; es decir, consiguen dirigir la energía de forma diferente a otras técnicas de energización.

✔ ***Ofendí a una persona hace año y medio, pedí disculpas y a los seis meses hice Ho'oponopono. Pero siento que no ha funcionado.***

¿Pediste disculpas antes o después de practicar Ho'oponopono? ¿Te has perdonado ya por haber ofendido a esa persona? En la práctica es importante confiar en la transmutación del bloqueo, entregar el problema a la Fuente y no tener miedo de que la persona no la acepte, pues al actuar así será esta la respuesta que obtendrá. Si no funcionase, puede ser debido a que su inconsciente esté emitiendo algún tipo de información. Antes de hacer cualquier cosa es preciso que perdones en tu interior. Si te encontrases completamente resuelto a llevar a cabo el proceso, sin lamentos, sin miedos, sin culpas y vibrando en el amor y en el perdón, y a pesar de ello la persona en cuestión no te trata bien, es importante entender que ella se encuentra en una vibración diferente, en un nivel de conciencia distinto, y que necesitas aprender todo eso de ella. Esto forma parte de la evolución. Lo importante es que tú perdones en tu interior, que mantengas tu paz interior, la Paz del Yo.

✔ ***¿El pensamiento genera sentimiento, o es el sentimiento el que genera pensamiento?***

Tenemos siete cuerpos espirituales. Tú puedes encontrar distintas formas de nombrarlos. Si te atienes a la forma en que yo los denomino, serán los siguientes: cuerpo celestial, cuerpo causal, cuerpo etérico-patrón, cuerpo espiritual, cuerpo mental, cuerpo emocional y cuerpo físico. La influencia es de fuera hacia adentro; siendo así, en la mayoría de las veces el cuerpo mental influencia en el emocional, es decir, lo que pensamos influencia en lo que sentimos. Tanto puede ser lo que pensamos conscientemente, como aquello que está enraizado en nuestro inconsciente, porque la mente inferior no deja de ser un pensamiento o una opinión. Son recuerdos que tenemos y que influencian en nuestras ideas, haciéndonos sentir de una manera determinada. Y por el hecho de tratarse de un recuerdo, el camino ya se encuentra preestablecido. Un simple hecho puede conducir a alguien a sentir depresión en un determinado momento. Ese mismo hecho puede influir en cierto modo en otra persona, pero no llega a producirte esa depresión. Todo depende del registro que se haya creado en tu mente. Eso no quiere decir que el proceso inverso, que lo emocional no influencie en el plano mental, sea algo que no se produzca. Es posible sentir alguna emoción o sentimiento que influencie en su pensamiento; pero lo cierto es que ya existe un registro en el cuerpo mental, es decir, que existe una idea que ya fue experimentada antes y que ya existe como recuerdo.

✔ ***Decidir es algo inexorable. Como dijo Sartre, estamos miserablemente condenados a tomar decisiones. Por consiguiente, la cuestión no está en el momento preparatorio al acto decisorio. ¿Se encuentra el miedo instalado en ese momento, o lo está en nuestro recuerdo?***

Conjuntamente con una decisión, siempre se produce un acto de renuncia. En el momento en que se opta por algo se está dejando de escoger otra forma de actuar, u otro objeto. Es necesario tener madurez mental tanto para decidir como para renunciar. La renuncia está relacionada con el sentimiento de desapego. Esto termina por producir cierta inseguridad en la persona; porque, al final, en la mayor parte de las ocasiones se busca la mejor respuesta para cada situación (sin poner en discusión lo que sería la mejor respuesta). Ahora bien, respondiendo directamente a tu pregunta, el miedo a esta inseguridad o la duda que una decisión genera, varía más según se trate del tipo de decisión que de la persona que la tome. Quien toma la decisión es un ser humano; es decir, tiene subjetividad, tiene personalidad, posee recuerdos. La técnica de Ho'oponopono puede utilizarse para mejorar este sentimiento (de ser subjetivo) referente a la toma de decisión (momento que genera alguna incomodidad como, por ejemplo, miedo. De este modo se generan menos incomodidades).

✔ ***¿Repetir «lo siento mucho», puede hacer que la persona se sienta deprimida?***

Cuando repetimos la frase «Lo siento mucho», te estás refiriendo a sentir mucho por haber obrado de forma inconsciente. Ahora bien, en Ho'oponopono no utilizamos la frase con ese significado. Estamos hablando de amor y de gratitud, que son sentimientos y energías de vibraciones superiores y sutiles. «Lo siento mucho» es una frase que se utiliza para identificar el problema y posicionarse como responsable por ello; el perdón te liberará de ese problema, el amor te transmutará y la gratitud fortalecerá el flujo entre el microcosmos y el macrocosmos; el reconocimiento de la trascendencia del problema, de la fe, de la rendición y del despertar.

✔ ***¿Cómo puedo decir que amo a alguien, si me siento con rabia y ofendido?***

Cuando repetimos las frases de Ho'oponopono, no las estamos, repitiendo para una determinada persona, sino para la Divinidad que existe dentro de cada uno de nosotros. Al conectarnos con la Divinidad mayor, todo el proceso de Ho'oponopono sucede: inspiraciones, aproximación a la propia esencia y sentimiento de paz interior. Pedimos perdón, emitimos amor y agradecimiento a la Divinidad que existe dentro de nosotros, y también a la Divinidad que puede ser llamada Dios o el Todo.

✔ ***Hay personas que dicen que la frase «Te amo» debe decirse al final. ¿Cuál es la mejor manera de repetirla?***

La mejor manera de repetir la frase es aquella en la que te sientas mejor al decirla. No existe acierto ni error. Hay personas a las que les agrada repetir «Te amo» al final, pues teniendo en cuenta que la energía del problema va hacia el Universo, y la energía de la creación es una energía de amor, repiten la frase al final. Tú puedes decirla como te sientas mejor. A mí me gusta decirla de la manera tradicional, repitiendo «Te amo» y «Gracias». Transmutando el amor, y el agradecimiento como una forma de reconocimiento. Siempre funciona así; mi subconsciente ya aprendió de esta manera; pero tampoco va a dejar de funcionar si modificas el orden de las frases.

Epílogo

Escribir este epílogo para mi amiga Juliana De' Carli constituye una enorme emoción y una alegría para mí.

Conocí a Juliana en el Congreso Nacional de Reiki 2016, en Lisboa. Dos días antes había estado con su padre, Johnny De' Carli, para entrevistarlo en mi programa *Spiri2all People* de la OMPDE (Organización Mundial para el Desarrollo Personal y Espiritual), una asociación sin fines lucrativos que fundé en 2015. Al final de la entrevista, el profesor Johnny De' Carli me miró con una mirada amable, y sereno, profundo y muy convencido me dijo: «Usted tiene que conocer a mi hija, a Juliana De' Carli». Los Ángeles llenaban la sala en donde nos encontrábamos, y la luz pareció hacerse más intensa en aquel momento. Sentí que iba a ser un momento especial, pero no podía imaginar hasta qué punto...

Al día siguiente, el profesor Johnny De' Carli nos puso en contacto. Juliana vive a unos 340 kilómetros de distancia de mi casa, por lo que preferimos hablar por mensaje. Establecimos nuestro encuentro en el Congreso de Reiki en el que Juliana iba a dar una charla sobre Ho'oponopono, y mi equipo y yo íbamos a presentar una pieza teatral sobre mi primer libro *Érase una vez el Reiki-Viaje al monte Kurama*. Establecimos también que Juliana iría a hacer una entrevista sobre Ho'oponopono en mi programa.

No logro explicar con palabras lo que sentí cuando nos encontramos y se cruzaron nuestras miradas. Apenas sé decir que la reconocí como si la conociera de hacía siglos... La empatía fue inmediata, fue una amistad a primera vista. Sentimos, desde ese momento inicial, que íbamos a recorrer un largo camino juntas, y que eso formaría parte de nuestra misión en la Tierra. Me acordé de inmediato de las sabias y sinceras palabras del profesor Johnny De' Carli: «Tiene que conocer a mi hija, a Juliana De' Carli»... En el camino de regreso a casa compartí con mi marido las sensaciones tan buenas que tuve en aquel encuentro, me sentía profundamente feliz.

Juliana es una de esas personas que agradezco mucho a Dios tener en mi vida. Es muy pura, honesta, genuina, iluminada. Su luz brilla como el sol de mediodía. Conocí su trabajo y me identifiqué mucho, pues tenemos muchas cosas en común a pesar de ser personas diferentes.

En febrero de 2017 lancé en Portugal mi segundo libro, *La magia de los Ángeles y de los seres de la Naturaleza*. Invité a Juliana a escribir un prólogo para este libro, y para que estuviera en el lanzamiento como una de las presentadoras. ¡Fue un momento mágico! Las palabras de Juliana me emocionaron mucho, y ninguna de las dos consiguió contener las lágrimas. Los Ángeles y los seres de la Naturaleza estaban muy presentes, para unirnos y bendecirnos.

Ayer, 8 de abril de 2017, estuve en el lanzamiento del libro de Juliana *Ho'oponopono Universal*, en Lisboa, para el que fui amablemente invitada a hacer una presentación. Fue un momento muy especial que me hizo regresar a casa con el corazón lleno de amor y de gratitud. En un momento del acto Juliana anunció al público ante el micrófono que me invitaba a escribir este epílogo. Me sentí muy feliz, agradecida y emocionada...

Veo que Juliana De' Carli tiene la gran misión de difundir el Ho'oponopono por el mundo, con su sensibilidad, iluminación, amor y experiencia. A pesar de tratarse de una técnica milenaria, Juliana transmite la luz de su conocimiento, de su intuición y sabiduría interiores. Y esa es su marca única y original en esta misión maravillosa. También el Reiki, Mindfulness y la transmisión de conocimientos que puedan ser útiles para ayudar a las personas a realizar su evolución espiritual forma parte integrante de esta misión iluminada de Juliana. La veo como una traductora de conocimientos a la luz de su propia sabiduría infinita, tocando los corazones de las personas de forma muy simple, compasiva, pura y genuina, a fin de que todos puedan comprender y captar más fácilmente hasta el más sutil de los mensajes del Universo.

Querida Juliana: muchas felicitaciones por esta misión materializada en forma de ese libro que ha ayudado a tantas personas y que continúa ayudando hoy, y lo hará mañana y todos los días. Que la bienaventuranza te acompañe por tu valor, belleza, iluminación, fuerza, ternura, amor infinito y dedicación plena.

Te quedo muy agradecida por tu invitación para que escribiera este epílogo.

Un gran beso para ti, y mis deseos para que tengas un gran éxito.

Y a usted, querido lector, le deseo una maravillosa y muy bendecida lectura, embarcado en las sabias palabras de Juliana.

Un grande y mágico abrazo.

JOANA BARRADAS
(Joana Barradas Zen)
Sensitiva de los Ángeles y de los Seres de la Naturaleza
Autora Internacional

Consideraciones finales

CUÁNTAS VECES HE OÍDO DECIR QUE LAS PERSONAS NO CAMBIAN. Pero esa es una afirmación que nunca tuvo mucho sentido para mí. Nada es estático, pues el tiempo lo cambia todo. En un determinado momento nos sentimos muy bien, y al siguiente nos encontramos fatal. A lo largo de la vida, y de acuerdo con todo lo que hayas vivido y las elecciones que hayas hecho, habrás obtenido un resultado. Y este resultado será positivo o negativo según los caminos que tú mismo hayas escogido. Y al final te habrás trazado tu mapa: es decir, aquello que viviste, aquellas elecciones que habrán tenido sus correspondientes consecuencias; y de acuerdo con tu sensación podrás percibir si tú has cambiado para mejor o para peor. Estamos en este mundo para evolucionar y, por consiguiente, la esencia de la vida es el cambio.

Cambiar de manera consciente es mucho más beneficioso, pues sabes que la dirección es la correcta, y que la posibilidad de lograr el éxito es mayor. De nada sirve querer hacer exactamente lo mismo a lo que hace la persona que tienes a tu lado, pues cada uno posee un conjunto de informaciones que corresponden al resultado de muchas vidas. Cada persona tiene su propio destino, su misión, su personalidad, sus habilidades y dificultades. A través de la Numerología Cabalística logro darme muy buena cuenta de estos pormenores. Y el trabajar con este medio me da la certeza de saber quiénes somos, y me ayuda a entender para qué hemos venido aquí.

Cuando nos encontramos desalineados con estos propósitos, la vida no tiene mucho sentido. Son muchas las personas que dicen sentir un vacío en sus vidas. Se encuentran alejadas de su esencia y de su motivación personal. Lo primero es conocerse. Y lo segundo es conectarse con Dios; porque Él irá abriendo el camino, te irá mostrando las verdaderas puertas, y te irá proporcionando la comprensión y la aceptación de los acontecimientos. Tal vez no todo esté claro en un primer momento para cada situación, pero poco a poco las cosas irán encajando.

En este camino de evolución es importante la felicidad, que traerá la plena conciencia. Eso no quiere decir que en tu vida no surjan cuestiones que habrán de ser resueltas, pero la forma de enfrentarse a ellas no constituirá un gran problema. Los problemas proporcionan un crecimiento interior y no afectan en gran medida a tu alegría de vivir. Por este motivo me gustan estas técnicas. Proporcionan conciencia y alegría de vivir. La conciencia lo cubre todo, y es debido a ello que no es conveniente centrarse exclusivamente en los ejercicios prácticos. Es necesario que sepas muy bien lo que estás haciendo.

En otro tiempo, cuando regresaba de un viaje agradable, sentía cierta tristeza. Hoy agradezco los buenos momentos de que disfruté y regreso feliz a mi vida normal, pues me complace mi propia rutina. De esta actitud se pueden extraer dos enseñanzas. La primera es que no debemos apegarnos a los momentos felices, del mismo modo que tampoco debemos apegarnos al dolor. Vivir el ahora es aceptar lo que se presenta en cada momento. La segunda enseñanza es que nuestra rutina debe, en gran parte del tiempo, resultarnos agradable.

El Ho'oponopono fue el mejor camino que encontré para encontrar a Dios. También me sentí identificada con el budismo. Ambos nos conectan con lo Superior y nos limpian de energías negativas, ya se trate de pensamientos, emociones o recuerdos pasados- Pero el Ho'oponopono trabaja con las palabras y con los sentimientos que tienen mucho sentido para mí; y que puedo aplicar conjuntamente con Mindfulness, cuando me resulte difícil enfocar algo en el aquí y el ahora. Mindfulness tiene su origen en el budismo. Tanto Ho'oponopono como Mindfulness se basan en el Ahora. Por su parte el Reiki es una herramienta para encontrar equilibrio en momentos pasados, presentes y futuros; para energizarse a uno mismo y al otro, para equilibrar las energías de nuestro cuerpo, mente y espíritu; objetivo que también conseguimos con Ho'oponopono. Pero tú puedes lograr la energía con tus propias manos, ya que es un poder magnífico. En lugar de tomar un comprimido para dormir, trata, por ejemplo, de hacer Reiki y Mindfulness conjuntamente o, incluso, con Ho'oponopono. Prueba a hacerlo.

Es importante ser verdaderamente feliz, buscar aquello que te proporciona felicidad a largo plazo. Es importante, por tanto, disfrutar de la vida que tienes, de la rutina en que vives. Si no fuera así, lo ideal sería identificar aquello que se puede modificar y tratar de mejorarlo, o buscar aquella forma que resulte más adecuada para cada uno. Estas técnicas pueden ayudarte en este proceso. Y para eso es necesario que trates de concienciarte con ellas utilizando la fuerza de tu pensamiento de forma positiva, y también la fuerza de tus manos. Tanto tu conciencia como tus manos estarán siempre contigo a donde quiera que vayas. Por consiguiente, cuenta siempre con Ho'oponopono, con Mindfulness y con Reiki.

Bibliografía

CARLI, Johnny De', *El Tarot del Reiki,* Edaf, Madrid, 2015.

CHOPRA, Deepak, *Las siete leyes espirituales,* Edaf, Madrid, 2014.

EMOTO, Masaru, *El poder del agua,* Edaf, Madrid, 2010.

KARDEC, Allan, *El libro de los médiums,* Hojas de Luz, Sirio, Barcelona, 2009.

Ser integral, Centro portugués de Mindfulness.

SHARAMON, Shalila, y BAGINSKI, Bodo J., *El gran libro de los chakras,* Edaf, Madrid, 2013.

VITALE, Joe, *En el cero,* Obelisco, Barcelona, 2014.

VITALE, Joe, y LEN, Frhew, *Cero límite,* Obelisco, Barcelona, 2011.